国語《こくご》おもしろ発見《はっけん》クラブ

きみの日本語《にほんご》、
だいじょうぶ？

思《おも》いちがいの言葉《ことば》

山口 理 著

はじめに

この巻《かん》では、「思《おも》いちがいの言葉《ことば》」について勉強《べんきょう》するよ。ところで、思《おも》いちがいの言葉《ことば》って、たとえばどんな言葉《ことば》だろうね。まず、さいしょに例文《れいぶん》を紹介《しょうかい》しよう。……と、ここですでに「思《おも》いちがい」によるまちがいをしてしまった。「まず」と「さいしょに」は、もともと同《おな》じ意味《いみ》の言葉《ことば》。だから、「まず、例文《れいぶん》を紹介《しょうかい》しよう」とか、「さいしょに例文《れいぶん》を紹介《しょうかい》しよう」とか、どちらか一《ひと》つの言葉《ことば》を使《つか》えばいいんだよ。

このように、正《ただ》しいと思《おも》いこんでいても、じつは意味《いみ》や使《つか》い方《かた》がちがっていた言葉《ことば》って、身《み》のまわりにたくさんありそうだね。

たとえば、有名《ゆうめい》な観光地《かんこうち》に行《い》くとしよう。それまで、パンフレットやポスターなどで何度《なんど》も見《み》ている景色《けしき》や建物《たてもの》でも、実際《じっさい》に見《み》るとそれまでの印象《いんしょう》とはずいぶんちがっていることがあるよね。そんなとき、「見《み》ると聞《き》くとは大《おお》ちがい」と、つい言《い》いたくなる。ところがこれは、「聞《き》くと見《み》るとは大《おお》ちがい」が本来《ほんらい》の使《つか》い方《かた》なんだ。話《はなし》に聞《き》いていたことと、実際《じっさい》に見《み》たことがちがう、という意味《いみ》なので、「聞《き》く」がさいしょにくるべきだとされている。

このように日本語《にほんご》には、多《おお》くの人《ひと》が思《おも》いちがいをしている言葉《ことば》が、ひそんでいるのさ。

ところで、いま、例《れい》にあげた「聞《き》くと見《み》るとは大《おお》ちがい」だけど、じつは、辞書《じしょ》によって「見《み》ると聞《き》くとは大《おお》ちがい」と、載《の》っているものも少《すく》なくない。いったい、どちらが正《ただ》しいのだろう。正解《せいかい》は、「どちらでもよい」なんだ。えっ、だまされた！　だって？　いやいや、現代《げんだい》の日本語《にほんご》には、このように「本来《ほんらい》はこちらが正《ただ》しいが、ちがう言《い》い方《かた》をしてもまちがいとは言《い》えない」という言葉《ことば》も増《ふ》えてきているんだ。

たとえば、「まちがい」と「まちがえ」について考《かんが》えてみよう。この言葉《ことば》は長《なが》いあいだ、「まちがい」が正《ただ》しいとされてきたんだ。けれど最近《さいきん》では、どちらも正《ただ》しい使《つか》い方《かた》だとされている。同《おな》じように、「こんにちわ」はまちがいで、「こんにちは」が正《ただ》しい書《か》き方《かた》だとする考《かんが》え方《かた》も変《か》わってきている。つまり、現在《げんざい》では、「こんにちわ」もまちがいではない、とされるようになってきたんだ。

このように、言葉《ことば》は時代《じだい》とともに変化《へんか》していくものだ。言《い》いかえれば、多《おお》くの人《ひと》がその言《こと》葉《ば》を使《つか》いつづけることによって、それが正《ただ》しい日本語《にほんご》として、認《みと》められていく場合《ばあい》もあるんだね。

夏《なつ》の日《ひ》、三人組《さんにんぐみ》の友《とも》だちが話《はなし》をしていたとしよう。一人《ひとり》が言《い》った。

「明日《あす》の天気《てんき》、やばいみたいだぞ」

すると次《つぎ》の日《ひ》、一人《ひとり》は猛暑《もうしょ》だと思《おも》って、Tシャツに短《たん》パン姿《すがた》であらわれ、もう一人《ひとり》は、天《てん》気《き》が荒《あ》れるのだろうと、傘《かさ》を持《も》ってあらわれた。最近《さいきん》よく使《つか》われるようになった「やばい」という言葉《ことば》は、その意味《いみ》があまりにもあいまいで、本当《ほんとう》の意味《いみ》が相手《あいて》に伝《つた》わりにくい一面《いちめん》があるよね。言葉《ことば》は、中身《なかみ》をできるだけ正確《せいかく》に伝《つた》えるためのもの。その一点《いってん》だけはしっかり頭《あたま》に置《お》いて、この本《ほん》を読《よ》んでほしいな。

もくじ

※本文《ほんもん》に出《で》てくる「国《くに》の調査《ちょうさ》」とは、文化庁《ぶんかちょう》が実施《じっし》している「国語《こくご》に関《かん》する世論調査《よろんちょうさ》」のことです。

カトリーヌ

（フランスからの留学生《りゅうがくせい》）

クラブの部長《ぶちょう》。言葉《ことば》の知識《ちしき》はピカ一《いち》。
するどい質問《しつもん》で、
先生《せんせい》をたじたじにさせる。

和戸一太郎先生《わどいちたろうせんせい》

（言葉《ことば》クラブの顧問《こもん》）

子《こ》どものころから「言葉《ことば》」について
興味《きょうみ》を持《も》ち、研究《けんきゅう》を続《つづ》けている
やさしい先生《せんせい》。

シューイン〈秀英《しゅうえい》〉

（中国《ちゅうごく》からの留学生《りゅうがくせい》）

ひょうきんでやさしいけれど、
かなりのんきな性格《せいかく》。
言葉《ことば》の知識《ちしき》もなかなかのもの。

ジョン

（アメリカからの留学生《りゅうがくせい》）

言葉《ことば》についてはくわしいが、
ときどき知《し》ったかぶりをして、
みんなをあきれさせる。

著者●山口《やまぐち》　理《さとし》

東京都出身。大学在学中に、高校で代用教員として国語の教鞭を執る。千葉県内の小学校教員として勤務した後、執筆生活に入る。創作、ノンフィクション、評論、教育書と幅広く執筆し、講演活動も積極的に行っている。日本語関係の著書も多く、代表的なものに『準備いらずのクイックことば遊び』『準備いらずのクイック漢字遊び』（共にいかだ社）、『まんがで学ぶ四字熟語』『まんがで学ぶ語源』『まんがで学ぶ同音語』『まんがで学ぶ慣用句』（いずれも国土社）などがある。
日本児童文学者協会、および日本ペンクラブ会員。

カバーイラスト●榊原唯幸《さかきばらただゆき》

神奈川県横浜市在住。広告制作会社に勤務の後、フリーのイラストレーターとして活動。作品に、「モノづくり解体新書」シリーズ（日刊工業新聞社）「しらべ学習に役立つ日本の歴史」シリーズ（小峰書店）などがある。

本文イラスト●ひろ ゆうこ

東京都出身。神奈川県在住。武蔵野美術大学短期大学部美術科卒。デザイン会社などに勤務後、フリーに。『マンガ技能五輪』（日刊工業新聞社）『漫画・一遍上人』（ビジネスコミック社）『まんが攻略 BON!』『ひみつシリーズ』（共に学研）など。

意《い》味《み》の思《おも》いちがい

当《あ》たり年《どし》

やった！
当《あ》たりだ！
アタリ
このまえはファミレスで
当《あ》たりくじをひいて
ただでデザートが
食《た》べられたんだ！
アタリ
そんなに
当《あ》たりのくじを
引《ひ》くなんて
今年《ことし》はジョンの
当《あ》たり年《どし》
なんですね
わーい わーい
キキッ！
あぶない！
これも
「当《あ》たり年《どし》」って
いうの!?

意味《いみ》と解説《かいせつ》

この言葉《ことば》には二《ふた》つの意味《いみ》があって、一《ひと》つには「農作物《のうさくぶつ》の収穫《しゅうかく》が特別《とくべつ》に多《おお》かった年《とし》」のこと。もう一《ひと》つは、「よいことがたくさんあった年《とし》」のことなんだ。マンガのように、「クジ」にかぎったことではないんだよ。

使《つか》い方《かた》

今年《ことし》は成績《せいせき》も上《あ》がったし、マラソン大会《たいかい》でも一位《い》を取《と》ったし、ハワイにも行《い》けたし、まさに当《あ》たり年《どし》だったなぁ。

カトリーヌ

シューインは、「当《あ》たりくじを多《おお》く引《ひ》くこと」だと思《おも》っていたのね。

シューイン

どんなことでも、「いいこと」が続《つづ》いたら当《あ》たり年《どし》ということなんですね。

ジョン

ちょっと待《ま》てよ。よく「今年《ことし》は台風《たいふう》の当《あ》たり年《どし》」なんていうぜ。台風《たいふう》は、いいことなのか?

先生

いいところに気《き》がついたね。このあとのページにも出《で》てくるけど、それは「言葉《ことば》の転用《てんよう》」といって、本来《ほんらい》の意味《いみ》とはちがうけれど、ふつうに使《つか》われるように変化《へんか》してきたんだよ。でも、本来《ほんらい》の意味《いみ》は、あくまで「いいこと」をあらわす言葉《ことば》なんだよ。

カトリーヌ

じゃあ、ジョンが自転車《じてんしゃ》とぶつかっても、当《あ》たり年《どし》じゃないのね。

ジョン

当《あ》たり前《まえ》だ!

曲《きょく》のさわり

先生《せんせい》、わたし歌詞《かし》を見《み》なくても「おぼろ月夜《づきよ》」をうたえるの！
「おぼろ月夜《づきよ》」？
ぼくもうたえますよ
それじゃ、さわりだけでもいいからうたってみてよ
いいよ！せえの〜
菜《な》の花畑《はなばたけ》に入《い》り日《ひ》薄《うす》れ…
春風《はるかぜ》そよ吹《ふ》く空《そら》を見《み》れば…
菜の花畑に入り日うすれ
見渡す山の端霞ふかし
バカねえ、先生《せんせい》、「曲《きょく》のさわり」って言《い》ったじゃないの
だからぼくは、「さわり」をうたったじゃないの
においあわし♪
それは曲《きょく》の「おわり」でしょ！

意味《いみ》と解説《かいせつ》

「さわり」と聞《き》いて、カトリーヌは「曲《きょく》の最初《さいしょ》の部分《ぶぶん》」と思《おも》い、シューインは、「曲《きょく》の盛《も》りあがる部分《ぶぶん》」と思《おも》ったんだね（ジョンのかんちがいは、お話《はなし》にならないけど）。本当《ほんとう》の意味《いみ》は、シューインがうたったように「曲《きょく》の盛《も》りあがる部分《ぶぶん》」のことなんだ。

使《つか》い方《かた》

話《はなし》が長《なが》いぞ。さわりだけを言《い》ってくれ。

カトリーヌ
「さわりだけ歌《うた》います」って言《い》って、歌《うた》のはじめのほうを歌《うた》う人《ひと》って、けっこう多《おお》いと思《おも》うんだけどな。

ジョン
おれは、歌《うた》の終《お》わりのほうのことだと思《おも》ってたよ。

カトリーヌ
ジョンは、受《う》けねらいで、わざとまちがえたんでしょ！

シューイン
よく「歌《うた》のサビ」って言《い》いますよね。あれも、いちばん盛《も》りあがる部分《ぶぶん》のことだと思《おも》うんですけど。

先生
うん。「サビ」も「さわり」も、同《おな》じ意味《いみ》だと考《かんが》えていいね。歌《うた》ばかりじゃなくて、「話《はなし》のさわり」などとも言《い》うんだ。二〇〇七年度《ねんど》の国《くに》の調査《ちょうさ》では、「さわり」の意味《いみ》を正《ただ》しく知《し》っていた人《ひと》は、約《やく》三十五パーセントだったらしいよ。

シューイン
もともとは、義太夫《ぎだゆう》の中《なか》で、いちばんの聞《き》かせどころのことを言《い》った言葉《ことば》らしいですね。

先生
「義太夫《ぎだゆう》」っていうのは、かんたんに言《い》えば、人形浄瑠璃《にんぎょうじょうるり》（語《かた》りと三味線《しゃみせん》にあわせた人形劇《にんぎょうげき》）の語《かた》りと三味線《しゃみせん》のことだよ。

元旦《がんたん》

朝《あさ》…
あけまして おめでとう!
おめでとう… 早《はや》いね…
なんだい 元旦《がんたん》の朝《あさ》から…
……
あっ
それ アウト!
?
?
お昼《ひる》…
わぁ!
すごい ごちそう!
元旦《がんたん》くらい ぜいたく しなくちゃね!
今《いま》の言葉《ことば》 アウト!
?
?
?

意味《いみ》と解説《かいせつ》

「元旦《がんたん》」とは、一月一日《いちがついたち》の朝《あさ》のこと。元旦《がんたん》の「元《がん》」は「はじめ」の意味《いみ》で、「旦《たん》」の「日《ひ》」は「太陽《たいよう》」、その下《した》の横棒《よこぼう》が「地平線《ちへいせん》」をあらわしている。つまり、地平線《ちへいせん》から太陽《たいよう》があらわれることを示《しめ》しており、「日《ひ》の出《で》」や「朝《あさ》」の意味《いみ》なんだ。一年《いちねん》のさいしょの朝《あさ》なので、元日《がんじつ》の朝《あさ》を意味《いみ》しているのさ。

使《つか》い方《かた》

元旦《がんたん》には家族《かぞく》そろって、お雑煮《ぞうに》を食《た》べましょう。

カトリーヌ
ジョンは、ママがお昼《ひる》ごろに「元旦《がんたん》くらい」って言《い》ったから、アウトって言《い》いたかったのね。

ジョン
そう。「元旦《がんたん》」はあくまで、一月一日《いちがついたち》の「朝《あさ》」だもんな。

シューイン
でも、ぼくの家《いえ》に来《き》たときはまだ、「朝《あさ》」でしたよ。

ジョン
シューインのパパは、「元旦《がんたん》の朝《あさ》」って言《い》っただろう？　元旦《がんたん》はもともと「朝《あさ》」なんだから、「の朝《あさ》」はいらないんだよ。

カトリーヌ
それじゃあ、一月一日《いちがついたち》の昼《ひる》はなんて言《い》うの？　夕方《ゆうがた》は？　夜《よる》は？　ええっ、どうなのよ！

先生
一月一日《いちがついたち》は、「元日《がんじつ》」って言《い》うんだ。朝《あさ》から晩《ばん》まで二十四時間《にじゅうよじかん》、元日《がんじつ》だよ。

ジョン
そういうことだ。わかったか！

シューイン
ジョンは、うちやカトリーヌの家《いえ》に、お年玉目当《としだまめあ》てで来《き》たんですよね。ジョンのママから聞《き》きました。

一《いち》姫《ひめ》二《に》太《た》郎《ろう》

意味《いみ》と解説《かいせつ》

生《う》まれてくる子《こ》は、順番《じゅんばん》として「さいしょは育《そだ》てやすい女《おんな》の子《こ》で、次《つぎ》は男《おとこ》の子《こ》がよい」という意味《いみ》なんだ。その理由《りゆう》は、親《おや》が子育《こそだ》てになれていないので、はじめは育《そだ》てやすいといわれる女《おんな》の子《こ》のほうがよく、その女《おんな》の子《こ》があとから生《う》まれる弟《おとうと》のめんどうもみてくれるからともいわれているんだよ。

使《つか》い方《かた》

うちの親《しん》せきには、一姫二《いちひめに》太郎《たろう》の家庭《かてい》が多《おお》い。

カトリーヌ

女《おんな》、男《おとこ》の順《じゅん》で生《う》まれた二人姉弟《ふたりきょうだい》のことを、一姫二太郎《いちひめにたろう》っていうのかしら。

ジョン

でも、日本《にほん》にずっと住《す》んでるおれの友《とも》だちの家《いえ》は、女《おんな》、男《おとこ》、女《おんな》の三人姉弟《にんきょうだい》なのに、「一姫二太郎《いちひめにたろう》の三人姉弟《にんきょうだい》です」って言《い》ってるぜ。どうなってんだ?

先生

それはかまわないのさ。一番目《ばんめ》と二番目《ばんめ》の子《こ》どもが、女《おんな》の子《こ》、そして男《おとこ》の子《こ》であれば、あとは三人姉弟《にんきょうだい》だろうと、五人姉弟《にんきょうだい》だろうとね。

シューイン

これって、むかしからの言《い》い伝《つた》えでしょう? むかしって、男《おとこ》の子《こ》が生《う》まれたほうがみんな、よろこんだはずですよね。どうして、こんな言《い》い伝《つた》えができたんでしょう。

先生

いい質問《しつもん》だね。男《おとこ》の子《こ》は、その家《いえ》の跡取《あとと》りとなるので期待《きたい》されたけど、母親《ははおや》が自由《じゆう》に男女《だんじょ》を産《う》みわけられるわけじゃない。だから、もし先《さき》に女《おんな》の子《こ》を産《う》んでも、がっかりしなくていいという、なぐさめの意味《いみ》をこめた言葉《ことば》でもあったんだよ。

ごぼう抜《ぬ》き

あっ!
とうとう抜《ぬ》いたわ!
五十メートルも差《さ》があったのにすごいわねこの選手《せんしゅ》
あっまた抜《ぬ》きかえされたぞ
うわっ、それをまた抜《ぬ》いた
すごい追《お》いつ追《お》われつですね
行《い》けっごぼう抜《ぬ》きだっ!
……
こういうのもごぼう抜《ぬ》きっていうの?
はて抜《ぬ》きつ抜《ぬ》かれつの場合《ばあい》は…?

意味《いみ》と解説《かいせつ》

何本《なんぼん》ものごぼうを同時《どうじ》に抜《ぬ》こうとすると、とっても抜《ぬ》きにくいので、一本《いっぽん》ずつ抜《ぬ》く必要《ひつよう》がある。そこから、「たくさんのものを、一《ひと》つずつ一気《いっき》に引《ひ》き抜《ぬ》く」という意味《いみ》になり、さらに「おおぜいを一気《いっき》に抜《ぬ》いていく」ことを、ごぼう抜《ぬ》きと言《い》うようになったんだよ。

使《つか》い方《かた》

バトンを受《う》けとったジョンは、前《まえ》の走者《そうしゃ》をごぼう抜《ぬ》きして、一位《い》でゴールした。

カトリーヌ

やっぱり、「抜《ぬ》いたり抜《ぬ》かれたり」じゃ、ごぼう抜《ぬ》きとは言《い》わないのよ。

ジョン

それって、「デッドヒート」じゃないか？

シューイン

それじゃ、後《うし》ろからだんだん順位《じゅんい》を上《あ》げてくる選手《せんしゅ》なら「ごぼう抜《ぬ》き」でいいんですか？

カトリーヌ

先生《せんせい》が言《い》ってるじゃない。「だんだんに」じゃなくて、「一気《いっき》に」って。だから、それはごぼう抜《ぬ》きじゃないわよ。

先生

そうだね。次《つぎ》から次《つぎ》へと一気《いっき》に抜《ぬ》いていくことを言《い》うんだ。もっともゴボウの抜《ぬ》きやすさって、地域《ちいき》や品種《ひんしゅ》によってだいぶちがうらしいんだけどね。関東《かんとう》のゴボウは根《ね》が長《なが》いので抜《ぬ》きにくく、逆《ぎゃく》に関西《かんさい》のゴボウは根《ね》が短《みじか》くて抜《ぬ》きやすいともいわれているんだ。

ジョン

じゃあ、「ごぼう抜《ぬ》き」してヒーローになりたいなら、関西《かんさい》の学校《がっこう》に転校《てんこう》したほうがいいな。

ぶぜんとした

テストをかえすぞー
まずはシューイン
はいっ
……!!
28
どうしたのよそんなぶぜんとした顔《かお》をして
なんでもないです
ひどい点数《てんすう》だったんだろー!
次《つぎ》、シューイ…
あれ? さっきのテスト、まちがえて返《かえ》したのかな
シューイン 100
え? あ!
コレジョンのだ!
ジョン 28
ひどい点数《てんすう》……!
ぶぜんとしてる
♪ー
シューイン 100
ジョン 28

意味《いみ》と解説《かいせつ》

この言葉《ことば》は、「おどろいて、あきれてしまう」とか「がっかりして、ぼうっとしてしまう」という意味《いみ》なんだ。「ムッとする」「腹《はら》を立《た》てる」と思《おも》って使《つか》っている人《ひと》が多《おお》いようなんだけど、これは本来《ほんらい》の意味《いみ》ではない。ただ、最近《さいきん》はこの意味《いみ》を認《みと》めている辞書《じしょ》も出《で》てきたね。

使《つか》い方《かた》

お父《とう》さんはぶぜんとした表情《じょうひょう》で、宝《たから》くじのはずれ券《けん》を見《み》つめていた。

カトリーヌ

シューインは、「まさか!」っていう感《かん》じでぼうっとしちゃったのね。

シューイン

はい。二十八点《てん》なんて点数《てんすう》を見《み》たのは、生《う》まれて初《はじ》めてだったもので。

ジョン

わるかったね。それにしてもオレは今《いま》まで、ずっと「ムッとする」っていう意味《いみ》かと思《おも》ってたよ。

カトリーヌ

そうよね。テレビドラマとかで「ぶぜんとして去《さ》っていった」なんて聞《き》くと、プンプンしながら行《い》っちゃった、っていうことなのかとずっと思《おも》っていたわ。

先生

この言葉《ことば》は漢字《かんじ》だと、「憮然《ぶぜん》」と書《か》く。この「憮《ぶ》」という漢字《かんじ》は「心《こころ》」と「無《む》」からできている。つまり、「心《こころ》がなくなってしまったようにぼんやりしてしまう」ということなのさ。

シューイン

じゃあ、もしもジョンが百点《てん》を取《と》ったとしても、「ぶぜんとして」しまうんですね。あはは。

ゾッとしない

やだ こわい!
おばけやしき
入口
ようやく出《で》られた!
ゾッとしたわよね!
シューインはどうして入《はい》らなかったの?
ぼくはこういうのゾッとしませんね
うそばっかり! じゃあ入《はい》ってみなさいよ
こわいんだろー
だから……
ぼくはこういうアトラクションはゾッとしないんです
?

意味《いみ》と解説《かいせつ》

ふつう、「ゾッとしない」っていうと、「こわくない」とか「寒《さむ》くない」という意味《いみ》だと思《おも》うよね。ところが本《ほん》当《とう》の意味《いみ》は、「感心《かんしん》しない」とか「関心《かんしん》がない」という意味《いみ》なのさ。

使《つか》い方《かた》

お母《かあ》さんが「プチ整形《せいけい》しようかしら」って言《い》ったら、お兄《にい》ちゃんは「ゾッとしない話《はなし》だな」と軽《かる》くかわし、お父《とう》さんは「いや、ゾッとする話《はなし》だ」と青《あお》くなった

カトリーヌ

シューインは、お化《ば》け屋敷《やしき》なんか、関心《かんしん》がないって言《い》いたかったのね。ホントかしら。

シューイン

ホントです。

ジョン

「ゾッとしない」んだから、「ゾッとする」を否定《ひてい》しているのかと思《おも》ったよ。

カトリーヌ

わたしは「寒《さむ》い」を否定《ひてい》しているのかと思《おも》ったわ。

シューイン

「ゾッとする」だと、体《からだ》がふるえるようなはげしい感情《かんじょう》だけど、「ゾッとしない」だと、もっと冷静《れいせい》にかまえている感《かん》じですね。

先生

ちょっとむずかしい言葉《ことば》だけど、これを「反語的表現《はんごてきひょうげん》」というんだ。わかりやすく言《い》うと、「ゾッとしないな」というのは「ゾッとするかい？　いや、ゾッとしないだろう」というように、相手《あいて》に対《たい》して疑問《ぎもん》を投《な》げかけている言葉《ことば》なんだよ。

ジョン

今回《こんかい》の先生《せんせい》の話《はなし》は、むずかしくてゾッとしないな。

意味《いみ》の思《おも》いちがい

名前負《なまえま》け

意味《いみ》と解説《かいせつ》

ズバリ、「名前《なまえ》が立派《りっぱ》すぎて、実物《じつぶつ》がそれにともなわないこと」だ。マンガの信長《のぶなが》くんにしても、あまり立派《りっぱ》な名前《なまえ》をもらっちゃうと、それがプレッシャーになっちゃうかもしれないね。でもご両親《りょうしん》からもらった名前《なまえ》だ。大切《たいせつ》にしなくちゃいけないね。

使《つか》い方《かた》

「常勝山《じょうしょうやま》」っていうお相撲《すもう》さん、今場所《こんばしょ》も負《ま》け越《こ》しだ。名《な》前《まえ》負《ま》けしてるな。

ジョン

おれの名前《なまえ》は、ジョン・F・ケネディ（第《だい》三十五代《だい》アメリカ大統領《だいとうりょう》）と同《おな》じだ。

カトリーヌ

それも完全《かんぜん》に名前負《なまえま》けね。わたしの名前《なまえ》は、カトリーヌ・ドヌーヴ（フランスの世界的《せかいてき》な女優《じょゆう》）と同《おな》じだわ。

シューイン

それも名前負《なまえま》けしてますね。ぼくの名前《なまえ》は、ソプラノ歌手《かしゅ》のリー・シューインと同《おな》じです。

ジョン

なんだ。結局《けっきょく》みんな、名前負《なまえま》けしてんじゃん。

先生

そんなに意識《いしき》することはないよ。まあ、「信長《のぶなが》」や「秀吉《ひでよし》」だと目立《めだ》つけどね。

ジョン

今度《こんど》、関東地区《かんとうちく》のチャンピオンのサッカーチーム、「チャンピオンズ」と試合《しあい》するんだけど、なんか名前負《なまえま》けしちゃって、とっても勝《か》てそうもないんだ。

先生

相手《あいて》の名前《なまえ》に圧倒《あっとう》されて、びびってるんだな。それは名前負《なまえま》けじゃなくて、「位負《くらいま》け」っていうんだ。気《き》をつけよう。

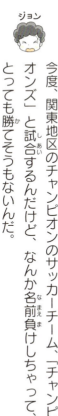

涼《すず》しい顔《かお》

ジョンの部屋《へや》に来《く》るのははじめてですね!
そういえば新《あたら》しいマンガを買《か》ったんだ
あれ!? おかしが全部《ぜんぶ》なくなってる!!
本当《ほんとう》だ! でもぼくじゃありませんよ!
カラッ
本当《ほんとう》か〜? シューイン〜
まって! カトリーヌを見《み》て!
口《くち》のまわりに証拠《しょうこ》が!
……
涼《すず》しい顔《かお》しちゃって!
ああ涼《すず》しい…

意味《いみ》と解説《かいせつ》

自分《じぶん》と関係《かんけい》があるのに、まったく関係《かんけい》ないような顔《かお》をしてすましていることを「涼《すず》しい顔《かお》をしている」っていうんだよ。もともと関係《かんけい》のない場合《ばあい》には、「涼《すず》しい顔《かお》」とはいわないんだ。気《き》をつけて使《つか》おうね。

使《つか》い方《かた》

先生《せんせい》が「黒板《こくばん》にらくがきしたのはだれですか!」っておこってるのに、一番先《いちばんさき》に書《か》いたA君《くん》は涼《すず》しい顔《かお》をして先生《せんせい》の話《はなし》を聞《き》いている。

シューイン

カトリーヌって、けっこうずうずうしいんですね。

先生

そう。涼《すず》しい顔《かお》のできる人《ひと》は、ずぶとい神経《しんけい》をしているんだよね。関係《かんけい》があるのにないふりをするんだから。

ジョン

ようするに「しらばっくれちゃう」わけだからな。「しらんぷり」とも言《い》うよな。

シューイン

ただの「平気《へいき》な顔《かお》」とはちがいますね。

ジョン

それよりも、ちょっと悪質《あくしつ》なんじゃないか?

シューイン

ところでカトリーヌ、ちっともしゃべりませんね。いつもなら、おしゃべりが止《と》まらないのに。

先生

ここでも「涼《すず》しい顔《かお》」をしちゃってるね。

カトリーヌ

(小《ちい》さい声《こえ》で)カゼを引《ひ》いて声《こえ》が出《で》ないのよ。

アハハッ
どんな番組《ばんぐみ》やってるの？
一人《ひとり》でそんなに爆笑《ばくしょう》して……
お母《かあ》さんその日本語《にほんご》はへんですよ
？
アハハッ
ガタン！！
ハハハ…
わぁっ
キャッ
アハハッ
ハハハッ
そうそうこれが爆笑《ばくしょう》なんです
アハハ
ニャハハ

意味《いみ》と解説《かいせつ》

爆笑《ばくしょう》とは、大声《おおごえ》で笑《わら》いころげることと思《おも》われがちだよね。それだと半分《はんぶん》あってて、半分《はんぶん》ちがっているんだ。本《ほん》来《らい》の意味《いみ》は「一人《ひとり》で大笑《おおわら》いすること」ではなく、「おおぜいがいっせいに大笑《おおわら》いすること」なのさ。つまり、ここでは人数《にんずう》が問題《もんだい》になるんだね。

使《つか》い方《かた》

お笑《わら》い芸人《げいにん》がすべったり転《ころ》んだりで、会場《かいじょう》のみんなが爆笑《ばくしょう》した。

カトリーヌ　わたしは一人《ひとり》でも「爆笑《ばくしょう》」って言《い》うのかと、ずっと思《おも》っていたわ。

ジョン　「おおぜい」っていうけど、いったい何人《なんにん》からが「おおぜい」なんだ？

シューイン　ぼくんちの場合《ばあい》は、三人《にん》でしたけど。

先生　とくに人数《にんずう》は決《き》まっていない。だからシューインの家《いえ》のように、三人《にん》でも大笑《おおわら》いすれば、それは爆笑《ばくしょう》なのさ。

カトリーヌ　すごい人数《にんずう》だったら、大爆笑《だいばくしょう》？

先生　そういうことだね。ただし、「一人《ひとり》でも大笑《おおわら》いすれば爆笑《ばくしょう》といってもよい」と書《か》いてある辞書《じしょ》もあるから、すでに認《みと》められている用法《ようほう》かもしれないね。

ジョン　じゃあ、いまから一人《ひとり》で爆笑《ばくしょう》しよう。ギャハハハ。

シューイン　それは「バカ笑《わら》い」です。

こだわる

カトリーヌ またピンクのグッズを ふやしたの?
かわいい〜ッ
そうよ ピンクはわたしの こだわりなの!
きょうの図工《ずこう》は 海《うみ》の風景《ふうけい》を かくぞー
ピンクに こだわりが あるなら 当然《とうぜん》海《うみ》も ピンクだよな!
ひひひ…
海《うみ》と言《い》ったら 青《あお》しかない じゃない
そんなことないわ!
カトリーヌの絵《え》は 夕焼《ゆうや》けの海《うみ》だ!
…ちぇ

意味《いみ》と解説《かいせつ》

「あるものをてっていてきに追求《ついきゅう》する」という意味《いみ》で使《つか》われることが多《おお》い言葉《ことば》だね。でも、もとの意味《いみ》は「ささいなことを必要以上《ひつよういじょう》に気《き》にする」という、あまりよくない意味《いみ》なんだ。現在《げんざい》では、ねばり強《づよ》さなど、よい意味《いみ》で使《つか》われることも認《みと》められてきているんだ。

使《つか》い方《かた》

そんな小《ちい》さなことにこだわって、いつまでもグチをこぼすのはやめなよ。

ジョン

オレはカレーにちょっとしたこだわりがあって、赤《あか》い色《いろ》の福《ふく》神漬《じんづ》けがないといやなんだ。

シューイン

ぼくは、ゴジラのフィギュアにこだわりがあって、後《うし》ろ姿《すがた》がかっこいいゴジラじゃないと、いやなんです。

カトリーヌ

ふーん。ジョンやシューインみたいなのは、「こだわる」の正《ただ》しい使《つか》い方《かた》なのかしら。

先生

かつては、「つまらないことをとても気《き》にする」という、あまりよい意味《いみ》では使《つか》われなかった言葉《ことば》なんだけど、最近《さいきん》では「マニア」のように、ひとつのことを本気《ほんき》で追《お》い求《もと》めていく場合《ばあい》にも使《つか》うようになったんだ。

カトリーヌ

つまり、ジョンもシューインも、別《べつ》にまちがっているというわけではないのね。

先生

そうだね。この言葉《ことば》のように時代《じだい》とともに使《つか》う人《ひと》がふえてきて、だんだんと認《みと》められてきた言葉《ことば》も少《すく》なくないんだよ。

それでは
本日引退《ほんじついんたい》する○×選手《せんしゅ》のインタビューです
そろそろ潮時《しおどき》だと思《おも》いました
まだまだやれそうなのにもったいないですね
……
本人《ほんにん》が「潮時《しおどき》」だと思《おも》ったんだからしかたがないんじゃない?
おれの宿題《しゅくだい》もそろそろ潮時《しおどき》だからゲームしようぜ!
ジョンのはまだ半分《はんぶん》も終《おわ》ってないじゃないですか!

意味《いみ》と解説《かいせつ》

マンガに登場《とうじょう》した全員《ぜんいん》が、「潮時《しおどき》」を、やめるのにちょうどよい時期《じき》と思《おも》っているみたいだね。二〇二二年度《ねんど》の国《くに》の調査《ちょうさ》でも、およそ三十六パーセントの人《ひと》がそう思《おも》っているという結果《けっか》が出《で》ているんだ。でも正《ただ》しくは、「なにか物事《ものごと》をするのにちょうどよい時期《じき》」という意味《いみ》なんだよ。

使《つか》い方《かた》

そろそろ、屋根《やね》のぬりかえをする潮時《しおどき》だな。

シューイン

テレビの野球選手《やきゅうせんしゅ》もそうでしたけど、いろいろなスポーツで、引退《いんたい》する選手《せんしゅ》が「そろそろ潮時《しおどき》だと思《おも》いました」って言《い》ってますよね。

ジョン

引退《いんたい》するときに使《つか》ってもいいけど、ほかのときにも使《つか》う言葉《ことば》なんじゃないの？

先生

そういうこと。だから、「そろそろ潮時《しおどき》だから、新《あたら》しい仕事《しごと》をさがすか」なんていうこともできるんだ。

カトリーヌ

一日《いちにち》のうちで出産《しゅっさん》や人《ひと》が亡《な》くなることが多《おお》い時刻《じこく》のことだって聞《き》いたことがあるわ。

先生

そうだね。潮《しお》の干満《かんまん》の時刻《じこく》に合《あ》わせて起《お》こるといわれているんだよ。

シューイン

そろそろ潮時《しおどき》だから、おやつでも食《た》べましょうか。

気《き》の置《お》けない

いよう！
ジョン
なにしてるんだ
こんなとこで
ガハハハ！
あっ！
おじさん
おひさしぶり
です……
ちょっと
散歩《さんぽ》してる
だけでして
……
!?
?
?
めずらしいわね
ジョンがあんな
ていねいなしゃべり方《かた》
するなんて
……
あのおじさん
どうも気《き》が置《お》けなくて
苦手《にがて》なんだ
それ
わかります
ぼくの
親《しん》せきにも
こわいおばさんが
いて…
静《しず》かにしなさいっ!!
気《き》の置《お》けない
人《ひと》なんです
?
「気《き》の置《お》けない」
ってそういう
意味《いみ》だっけ？

意味《いみ》と解説《かいせつ》

これも使《つか》い方《かた》をまちがえやすい言葉《ことば》として、有名《ゆうめい》だよ。本当《ほんとう》の意味《いみ》は、「えんりょしたり気《き》をつかったりする必要《ひつよう》がなく、心《こころ》から打《う》ちとけることができる」という意《い》味《み》なんだけど、反対《はんたい》に「気《き》楽《らく》になれない」「ゆだんができない」といった意味《いみ》に使《つか》われやすい言葉《ことば》なんだ。

使《つか》い方《かた》

こわい顔《かお》のお客《きゃく》さんだったけど、話《はな》してみると、気《き》の置《お》けない人《ひと》だった。

カトリーヌ
やっぱりジョンもシューインも、まちがった使《つか》い方《かた》をしていたのね。

シューイン
ぼくはずっと、「気《き》をつかわなくちゃならない人《ひと》」だと思《おも》っていました。

ジョン
「〜ない」ってつけば、否定《ひてい》している感《かん》じがするじゃないか。

先生
たしかに、そんな感《かん》じがするよね。二〇一二年度《ねんど》の国《くに》の調査《ちょうさ》では、正《ただ》しい使《つか》い方《かた》をする人《ひと》は約《やく》四十三パーセント。本来《ほんらい》の意味《いみ》ではない「相手《あいて》に対《たい》して気配《きくば》りやえんりょをしなくてはならないこと」で使《つか》う人《ひと》が約《やく》四十八パーセントと、逆《ぎゃく》の結果《けっか》が出《で》ているんだ。

シューイン
じゃあ、気楽《きらく》につきあえない人《ひと》は、「気《き》の置《お》ける人《ひと》」というんですね。

先生
と言《い》いたくなるところだけど、「気《き》の置《お》ける人《ひと》」という言《い》い方《かた》は、ふつうはしないんだ。「打《う》ちとけられない人《ひと》」ぐらいでいいんじゃないかな。

破《は》天《てん》荒《こう》

この広岡浅子《ひろおかあさこ》
っていう女《おんな》の人《ひと》…
明治時代《めいじじだい》に
炭坑《たんこう》の荒《あら》くれ者《もの》
たちをまとめて
会社《かいしゃ》を作《つく》った
らしいぜ
ずいぶん豪快《ごうかい》で
破天荒《はてんこう》な生《い》き方《かた》を
した人《ひと》だったんだな
でも日本《にほん》で
はじめて乗用車《じょうようしゃ》を
作《つく》った豊田喜一郎《とよだきいちろう》
っていう人《ひと》は
お坊《ぼっ》ちゃま
なのに破天荒《はてんこう》な
人生《じんせい》を送《おく》ったって
かいてありますよ
おらおらっ！
おめーらそこを
どけっ！
ああいうのも
破天荒《はてんこう》って
いうの
かしら？

意味《いみ》と解説《かいせつ》

破天荒《はてんこう》の意味《いみ》は、「だれも成《な》しえなかったことをすること」だよ。マンガに登場《とうじょう》する広岡浅子《ひろおかあさこ》さんは、豪快《ごうかい》で大胆《だいたん》な性格《せいかく》だったといわれている。日本《にほん》ではじめての女子大学《じょしだいがく》の設立《せつりつ》に力《ちから》をつくした、という実績《じっせき》からすれば破天荒《はてんこう》な人生《じんせい》を送《おく》った人《ひと》、ともいえるだろうね。

使《つか》い方《かた》

日本人《にっぽんじん》でもっとも破天荒《はてんこう》な生《い》き方《かた》をしたのは、坂本龍馬《さかもとりょうま》だろう。

マンガに出《で》てくる男《おとこ》の子《こ》は、ただ、いばってるだけで、ちっとも破天荒《はてんこう》じゃないね。

シューインの言《い》った、豊田喜一郎《とよだきいちろう》さんっていう人《ひと》は？

それまで、だれも成《な》しえなかったことをやりとげたんだから、破天荒《はてんこう》と言《い》えるんじゃないかな。

だけど「お坊《ぼっ》ちゃま」なんでしょ？
やっぱり破天荒《はてんこう》っていうと、豪快《ごうかい》な感《かん》じがするけどなぁ。

そう思《おも》うのも無理《むり》はない。二〇〇八年度《ねんど》の国《くに》の調査《ちょうさ》では、破《は》天荒《てんこう》を「豪快《ごうかい》で大胆《だいたん》なようす」と思《おも》っている人《ひと》が、約《やく》六十四パーセントもいるらしいからね。

これは中国《ちゅうごく》の故事《こじ》からきた言葉《ことば》です。「天荒《てんこう》」というのは荒《あ》れ地《ち》のことです。むかし、荊州《けいしゅう》という土地《とち》からは、国《くに》の科挙《かきょ》というむずかしい試験《しけん》に受《う》かった者《もの》が一人《ひとり》もいなくて、「荊州《けいしゅう》はまるで天荒《てんこう》だ」とバカにされていたんですが、劉蛻《りゅうぜい》という人《ひと》がはじめて合格《ごうかく》し、「天荒《てんこう》を破《やぶ》った」といわれたからなんです。

割愛《かつあい》する

〜〜〜で ありましてぇ 〜〜〜
…とまぁ このあたりは あまり重要《じゅうよう》では ないので
トン
割愛《かつあい》させて いただきます
トン
トンッ
トンッ
この政治家《せいじか》の話《はなし》って 割愛《かつあい》していいところ だらけね
お母《かあ》さん 大根《だいこん》のはしっこ 捨《す》てちゃうん ですか？
しっぽの方《ほう》は 割愛《かつあい》させて いただきます
？
そういう 使《つか》い方《かた》する かな？

意味《いみ》と解説《かいせつ》

「あまりだいじでない部分《ぶぶん》は省略《しょうりゃく》する」という意味《いみ》で使《つか》う人《ひと》が多《おお》いけれど、これはまちがい。本来《ほんらい》の意味《いみ》は「だいじなこと、大切《たいせつ》なことなのだけれど、しかたなくはぶく」なんだ。二〇一一年度《ねんど》の国《くに》の調査《ちょうさ》では、正確《せいかく》に答《こた》えた人《ひと》は二十パーセント以下《いか》だというよ。

使《つか》い方《かた》

もうひとつのお話《はなし》もしたかったのですが、時間《じかん》の関係《かんけい》で割愛《かつあい》させていただきます。

カトリーヌ

シューインのお母《かあ》さんの使《つか》い方《かた》は、まちがっていたわけね。

シューイン

いえ、うちのお母《かあ》さんはいつも、しっぽのほうも大切《たいせつ》に使《つか》っているので、正《ただ》しい言葉《ことば》の使《つか》い方《かた》をしたと思《おも》いますよ。

ジョン

じゃあ、まちがっているのは演説《えんぜつ》している政治家《せいじか》だ。「だいじじゃないから割愛《かつあい》」って言《い》ってたもんな。

先生

そうだね。この言葉《ことば》は、「愛着《あいちゃく》を割《わ》る（断《た》ち切《き》る）」という意《い》味《み》の、仏教《ぶっきょう》から生《う》まれた言葉《ことば》なんだよ。

ジョン

ふーん。今度《こんど》から、給食《きゅうしょく》のピーマンは、割愛《かつあい》させていただきます。

カトリーヌ

ずるいわよ！　ジョンはもともとピーマン、大《だい》きらいじゃなかったの？

シューイン

バレバレですね。

二《ふた》つ返事《へんじ》

シューイン そっちも はいてね
はいはい
ジョン、そっちの すみっこも ふいてね
はぁいはぁい
なによ その返事《へんじ》！
なんだよ オレもシューインも 同《おな》じ二《ふた》つ返事《へんじ》 じゃんか！
ちがうわ！ シューインは 「はいはい」
ジョンは 「はぁいはぁい」
でしょ！
芸達者《げいたっしゃ》だね
はい！

意味《いみ》と解説《かいせつ》

二《ふた》つ返事《へんじ》とは、「はいはい」と、返事《へんじ》を二回《かい》かさねること。これはわかるよね。それでは、どんな気持《きも》ちでする返事《へんじ》なんだろうか。いやいや？ 気持《きも》ちよく？ 正解《せいかい》は、わかりましたと、気持《も》ちよくする返事《へんじ》のこと。快諾《かいだく》ともいうんだ。

使《つか》い方《かた》

お父《とう》さんは、社長《しゃちょう》さんから「ニューヨーク支店《してん》に行《い》ってほしい」と言《い》われて、二《ふた》つ返事《へんじ》で引《ひ》きうけたそうだ。

オレが家《いえ》で「はいはい」って言《い》うと、「返事《へんじ》はひとつ！」って怒《おこ》られるぜ。

それは、マンガみたいに、いやそうに答《こた》えるからじゃないですか？

同《おな》じように二回《かい》、返事《へんじ》するにも、はきはきと言《い》わなくちゃ、逆《ぎゃく》の意味《いみ》、つまり「いやいや返事《へんじ》をした」というように受《う》け取《と》られやすいのね。

たしかに「返事《へんじ》はひとつ」というしつけを受《う》けた人《ひと》も多《おお》いんだ。だから、まちがえられやすいんだろうね、この言葉《ことば》は。

それじゃ、「二《ふた》つ返事《へんじ》でいやいや引《ひ》きうけた」っていうのは、おかしいのかな？

そうだね。「気持《きも》ちよく承諾《しょうだく》する」という意味《いみ》だから、この言《こと》葉《ば》を使《つか》うならば、「二《ふた》つ返事《へんじ》でよろこんで引《ひ》きうけた」になるね。

人生《じんせい》、山《やま》あり谷《たに》あり

意味《いみ》と解説《かいせつ》

「人生《じんせい》にはいいときも悪《わる》いときもある。それが人生《じんせい》というものだ。だから、少《すこ》しぐらいつらいことや悲《かな》しいことがあっても、前《まえ》をむいて生《い》きていけば、きっとまたいいことがおとずれる」という意味《いみ》なのさ。

使《つか》い方《かた》

プロ野球《やきゅう》をめざしてきた人《ひと》が大《おお》けがをして、お医者《いしゃ》さんが、「人生《じんせい》、山《やま》あり谷《たに》ありだからね」と、なぐさめていた。

カトリーヌ

だって山《やま》は、上《のぼ》りもたいへんだけど、下《お》りるのは足《あし》に負担《ふたん》がかかるので、もっとたいへんなのよ。だから、わたしの考《かんが》え方《かた》でいいと思《おも》うんだけど。

先生

たしかに現在《げんざい》では、「上《のぼ》っても下《お》りてもたいへん。人生《じんせい》いつでも苦労《くろう》の連続《れんぞく》」という意味《いみ》で使《つか》われることが多《おお》い格言《かくげん》だね。

シューイン

ぼくは、いいときが山《やま》の頂上《ちょうじょう》で、悪《わる》いときが谷底《たにそこ》なのかと思《おも》っていました。

ジョン

山登《やまのぼ》りが好《す》きな人《ひと》は、のぼりも下《くだ》りも楽《たの》しいらしいじゃないか。だから、「人生《じんせい》はいろいろあって楽《たの》しい」のかなぁって。

先生

ジョンの考《かんが》え方《かた》が、本来《ほんらい》の意味《いみ》に近《ちか》いかな。どちらも「ガッカリしていないで、もっと人生《じんせい》を楽《たの》しみなさい」ということだからね。

ジョン

ポジティブ思考《しこう》ってやつか。

三《み》つ子《ご》の魂《たましい》百《ひゃく》まで

母《かあ》さん、腰《こし》は痛《いた》くないかい
おまえはやさしいねぇ
「三《み》つ子《ご》の魂《たましい》百《ひゃく》まで」だよ
あのおじさん三《み》つ子《ご》なのかな?
まさかぁ
兄《にい》さん、家《いえ》にサイフ忘《わす》れたろ?
双子《ふたご》なんだ…
買《か》いものなら手伝《てつだ》うよ
やっぱり三《み》つ子《ご》だ!
どうせなら兄弟全員《きょうだいぜんいん》で行《い》こう
四《よ》つ子《ご》だ!
どでッ!
じゃあ、どうして自分《じぶん》の息子《むすこ》を三《み》つ子《ご》なんて言《い》ったんでしょう?

意味《いみ》と解説《かいせつ》

「三《み》つ子《ご》」というのは三人《にん》の子《こ》ども、ではなくて、「幼《おさな》い子《こ》」という意味《いみ》さ。「幼《おさな》いころの性格《せいかく》は、大《おお》きくなっても変《か》わらないもの」という意味《いみ》なんだ。幼《おさな》いころに習《なら》ったりおぼえたりしたことには使《つか》わないよ。

使《つか》い方《かた》

あの子《こ》はもう三十歳《さい》になるのに、のんびりした性格《せいかく》は小《ちい》さいころから変《か》わらないなぁ。まさに、三《み》つ子《ご》の魂《たましい》百《ひゃく》までだ。

ジョン

「三人《にん》の子《こ》ども」じゃなくて、「三歳《さい》の子《こ》ども」っていうわけだな。

カトリーヌ

じゃあ、二歳《さい》や四歳《さい》ではだめなの?

先生

「三歳《さい》」というのは、「幼《おさな》い子《こ》」という意味《いみ》だって解説《かいせつ》したよね。

シューイン

ぼくは、小《ちい》さいころにピアノを習《なら》っていたんですけど、いまではもう、ひけません。「三《み》つ子《ご》の魂《たましい》百《ひゃく》まで」じゃないですよ。

先生

「意味《いみ》と解説《かいせつ》」でもふれているけど、この言葉《ことば》は「性格《せいかく》」のことをいっているのであって、習《なら》ったことやおぼえたことなどは当《あ》てはまらないんだ。

ジョン

ふーん、性格《せいかく》ねぇ。じゃあカトリーヌは、小《ちい》さいころからおこりっぽかったっていうことか。

カトリーヌ

だれがおこりっぽいですって。ええっ!(怒《いか》り)

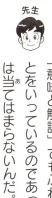

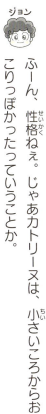

親《おや》子《こ》水《みず》いらず

意味《いみ》と解説《かいせつ》

これは親子《おやこ》がとてもなかよく過《す》ごしているようすのこと。「水入《みずい》らず」と書《か》いて、「水《みず》が入《はい》らない」ということ。ここでいう「水《みず》」というのは、「他人《たにん》」のこと。そして、親子《おやこ》や夫婦《ふうふ》のように、親《した》しい者同士《ものどうし》を「油《あぶら》」にたとえている。さあ、あとは会話《かいわ》のなかで説明《せつめい》しよう。

使《つか》い方《かた》

あの家《いえ》はいつも親子水《おやこみず》いらずで、楽《たの》しそうに買《か》い物《もの》に出《で》かけている。

シューイン

先生《せんせい》も、ずいぶん気《き》を持《も》たせますね。

カトリーヌ

「水《みず》」と「油《あぶら》」といったら、ぜったいにまざらないわよね。

先生

そう。いいところに気《き》がついたね。親《した》しい者同士《ものどうし》である「油《あぶら》」の中《なか》に、「水《みず》」はどうやってもまざることができない。つまり、親子《おやこ》や夫婦《ふうふ》の結《むす》びつきというのは、他人《たにん》が割《わ》りこむことのできないほど、強《つよ》いものだということさ。

ジョン

だから、「水《みず》はいらない（必要《ひつよう》ない）」ってことじゃなくて、「水《みず》は入《はい》らない」っていう意味《いみ》なのか。

シューイン

ぼくたちは、「言葉《ことば》クラブ水いらず」ですかね。

カトリーヌ

そんなクラブにしたいわね。

ジョン

カトリーヌがかんしゃくを起《お》こさなければね。

～することを禁《きん》ず

あ！
ジョンったら
のこしてる！
きらいなの？
う～ん…
食《た》べたこと
ないんだけど…
食《く》わずぎらいは
ダメだよ
へへへ…
食《く》わずの
「ず」って
「しない」って
いうことですよね
そうよ
食《く》わずぎらいは
食《た》べもしないで
きらってるってことよね
ということは
「立《た》ち入《い》りを
禁《きん》ず」っていうのは
立ち入り禁止
WARNING
「立《た》ち入《い》ることを
禁《きん》止《し》しない」って
いうことだな！
う～む…
へりくつ
言《い》わないで
食《た》べてごらん？
…
実際《じっさい》
どうなの
かしら？

意味《いみ》と解説《かいせつ》

「禁《きん》ず」とは「禁《きん》じる、許可《きょか》しない」ということ。「〜ず」というのは、「〜してはいけない」ということで、現代《げんだい》では、ちょっと古《ふる》い言《い》い方《かた》の部類《ぶるい》に入《はい》るんだ。もしジョンの言《い》うように、「立《た》ち入《い》ることを禁止《きんし》しない」ならば、「立《た》ち入《い》りを禁《きん》ぜず」になるよね。

使《つか》い方《かた》

教室《きょうしつ》の入《い》り口《ぐち》に、「私語《しご》を禁《きん》ず」とあった。「おしゃべりはいけない」ということだ。

カトリーヌ
なんだかややこしいわね。

シューイン
「禁《きん》ずる」の「る」を省略《しょうりゃく》した言葉《ことば》だとおぼえればいいんじゃないですか?

ジョン
そうか。たとえば「らくがきすることを禁《きん》ず」は、「らくがきすることを禁《きん》ずる」というようにだな。

先生
そうだね。「ず」というのは、言葉《ことば》を短《みじか》くして印象《いんしょう》を強《つよ》めるのに役立《やくだ》っているんだ。たとえば、「役《やく》に立《た》たない」ことを「役《やく》立《た》たず」といったりするよね。

カトリーヌ
「ジョンはそうじをしない」は、「ジョン、そうじせず」みたいにね。

ジョン
それなら、「カトリーヌ、口《くち》うるさいがおさまらず」だ。

シューイン
二人《ふたり》とも「けんかせず」ですよ。

煮《に》つまる

ピーポー
う〜ん…
どうしたの?つかれた顔《かお》して
じつは……
お母《かあ》さんの誕生会《たんじょうかい》でなにかサプライズをやろうと思《おも》っていろいろ考《かんが》えているんですが
考《かんが》えが煮《に》つまってしまってもうこれ以上《いじょう》いいアイデアがうかばないんです
ん?
くんくんッ
なにかヘンなにおいがするぞ
あっ! いけない 煮《に》こみラーメンを作《つく》ってたんだっけ
ぐつぐつ
きっともう すっかり煮《に》つまってるわね
トウガラシのにおい〜

意味《いみ》と解説《かいせつ》

話《はな》し合《あ》いなどで、いろいろな考《かんが》えがだいたい出《で》つくし、そろそろ結論《けつろん》が出《で》そうなときに使《つか》う言葉《ことば》だよ。お鍋《なべ》で煮物《にもの》をグツグツ煮《に》ていると、だんだん水分《すいぶん》がなくなっていくよね。そのようすを、話《はな》し合《あ》いの場《ば》にたとえたのがこの言葉《ことば》なんだ。一人《ひとり》で考《かんが》えているときには、あまり使《つか》わない言葉《ことば》だね。

使《つか》い方《かた》

一時間《じかん》もかかって、ようやく話《はな》し合《あ》いが煮《に》つまった。

シューイン

ぼくの言《い》い方《かた》って、どこかおかしかったですか？

先生

大《おお》きく分《わ》けて二《ふた》つのまちがいがあったね。

カトリーヌ

まずこの言葉《ことば》は、「話《はな》し合《あ》いや会議《かいぎ》など」で使《つか》う言葉《ことば》でしょ？ でもシューインは、一人《ひとり》で考《かんが》えたのよね。

ジョン

二《ふた》つ目《め》は、シューインはいくら考《かんが》えても結論《けつろん》が出《で》なくて、頭《あたま》をかかえてたんだろ？ それって「煮《に》つまった」んじゃなくて、「行《い》きづまった」んじゃねえの？

先生

そのとおり。じつは、「煮《に》つまった」の意味《いみ》を、「これ以上《いじょう》、考《かんが》えられなくなった」。つまり「行《い》きづまった」という意味《いみ》だと思《おも》っている人《ひと》って、とても多《おお》いらしいんだ。二〇一三年度《ねんど》の国《くに》の調査《ちょうさ》では、四十パーセントの人《ひと》がそう思《おも》っているという結果《けっか》が出《で》ていて、「行《い》きづまる」の意味《いみ》を認《みと》めている辞書《じしょ》も出《で》てきたんだよ。

シューイン

じゃあ、ぼくがまちがえるのも無理《むり》はないですね。

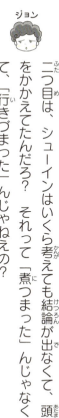

おっとり刀《がたな》

このお花《はな》きれいにさいてますね！
シューインそんなおっとり歩《ある》いてんなよ
きっと「おっとり刀《がたな》」ってシューインみたいにおっとりとしてるお侍《さむらい》さんのことをさすのね
おっとり刀《がたな》？
はいっ！おっとり刀《がたな》でかけつけました！
???
ダーーッ!!

意味《いみ》と解説《かいせつ》

マンガのなかで、シューインだけがこの言葉《ことば》の意味《いみ》を知《し》っていたんだね。「おっとり刀《がたな》」とは、「大急《おおいそ》ぎでかけつける」という意味《いみ》で、よく言《い》う「おっとり（のんびりしている）」とはまったく逆《ぎゃく》の意味《いみ》になるんだよ。

使《つか》い方《かた》

小《ちい》さいときからの友《とも》だちが事故《じこ》にあったと聞《き》いたぼくは、おっとり刀《がたな》で病院《びょういん》にかけつけた。

ジョン

あの人《ひと》はおっとりしているっていったら「あの人《ひと》はのんびりしている」っていう意味《いみ》だろう？
それがどうして「大急《おおいそ》ぎ」になるんだろう。

シューイン

よく「おっとり刀《がたな》でかけつける」といいます。のんびりしていたら、かけつけることにはならないでしょう。

カトリーヌ

「おっとり」っていう言葉《ことば》を、漢字《かんじ》にしてみたら、なにかわかるんじゃないかしら。

先生

そうなんだ。「おっとり刀《がたな》」は「押《お》っ取《と》り刀《がたな》」と書《か》く。
「押《お》っ」というのは「いきおいよく」という意味《いみ》。
「取《と》る」というのは「手《て》にする」という意味《いみ》さ。

シューイン

わかった。むかしの武士《ぶし》は、刀《かたな》を腰《こし》に差《さ》しますよね。なのに、腰《こし》に差《さ》すひまもなく、手《て》に持《も》ったままかけつけるほど急《いそ》いでいる、ということなんじゃないでしょうか。

先生

そのとおり。
おっとりしているシューインが一番《いちばん》よくわかってる。

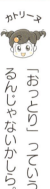

おもむろに

知《し》らせを受《う》け
刑事《けいじ》たちはおもむろに立《た》ちあがると…
そのとき!
一気《いっき》に部屋《へや》から出《で》て行《い》った!!
いったいなにがおきたというのか!!
なぁ「おもむろに」ってどういう意味《いみ》だ?
今《いま》の見《み》てたでしょみんな大急《おおいそ》ぎで飛《と》び出《だ》していったじゃないの
じゃあ、おっとり刀《がたな》と同《おな》じ意味《いみ》かな?
あっCMに入《はい》っちゃった
コーヒー
やすらかな時間《じかん》…
午後《ごご》のひととき…
わたしはおもむろにコーヒーをのむ…
あれっ?さっきと使《つか》い方《かた》ちがってない?

意味《いみ》と解説《かいせつ》

たしかに前《まえ》の項目《こうもく》に出《で》てきた「おっとり刀《がたな》」と、関連《かんれん》したような言葉《ことば》だね。けれど、その「おっとり刀《がたな》」とは逆《ぎゃく》の意味《いみ》なんだ。「おもむろに」は漢字《かんじ》で「徐《おもむろ》に」と書《か》く。つまり、「ゆっくりと」とか「少《すこ》しずつ」という意味《いみ》なんだよ。

使《つか》い方《かた》

「いましまったものを出《だ》しなさい！」と先生《せんせい》に言《い》われて、あの子《こ》はおもむろに机《つくえ》の中《なか》のマンガを取《と》りだした。

カトリーヌ

だめねえ、このナレーション。テレビなのに、まちがった意味《いみ》で使《つか》ってるじゃないの。

シューイン

つまり「おもむろに」は、「おちついてゆっくり行動《こうどう》するようす」のことですね。

先生

そうだね。……あれっ、ジョン。いま来《き》たのか。ちこくじゃないか。

ジョン

へへっ、だからこうやって、おもむろに席《せき》に着《つ》こうとしてるわけ。

シューイン

ん？ そうやってスローモーションみたいに、ゆっくり行動《こうどう》することが「おもむろに」なんですか？

先生

動作《どうさ》をゆっくり、というよりも、はじめの動作《どうさ》をゆっくり行《おこな》うという意味《いみ》に近《ちか》いんだよ。

ジョン

どっちにしても、ちこくはバレてるな。

……
三人《にん》で
対談《たいだん》か
……
三人《にん》で
相談《そうだん》かね
……
おや
三人《にん》で
密談《みつだん》かな?
?
いえ、
怪談《かいだん》です
そこで
……っと!!
ガタッ
きゃー!

意味《いみ》と解説《かいせつ》

「対談《たいだん》」というのは、二人《ふたり》だけで話《はなし》をすること。三人《にん》の場合《ばあい》は、「鼎談《ていだん》」というんだ。四人《にん》の場合《ばあい》は、とくに決《き》まった言葉《ことば》はないけれど、それ以上《いじょう》での話《はな》し合《あ》いには、「会談《かいだん》」「懇談《こんだん》」「座《ざ》談《だん》」などの言《い》い方《かた》もあるんだよ。

使《つか》い方《かた》

最近《さいきん》の経済問題《けいざいもんだい》で、学者《がくしゃ》と財務大臣《ざいむだいじん》がテレビで対談《たいだん》するらしい。

シューイン
じゃあ、ぼくたちがしていたのは、「鼎談《ていだん》」なんですね。

カトリーヌ
わたしとママが、家《いえ》で話《はな》すのも「対談《たいだん》」っていうのかしら。

先生
「対談《たいだん》」っていうのは、話《はな》し合《あ》う内容《ないよう》が決《き》まっていたり、おたがいの考《かんが》えを出《だ》しあったりする正式《せいしき》な話《はな》し合《あ》いだよ。だから、カトリーヌとママの場合《ばあい》は、「雑談《ざつだん》」ってところだね。

ジョン
楽《たの》しく話《はな》すことを「歓談《かんだん》」っていうよな。

カトリーヌ
ないしょで話《はな》すのは「密談《みつだん》」よ。

ジョン
お医者《いしゃ》さんがするのは「診断《しんだん》」……なんちゃって。

シューイン
それは「冗談《じょうだん》」ですね。

先生
学校《がっこう》では「面談《めんだん》」なんていうのもあるね。

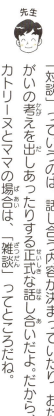

小春日和《こはるびより》

きれいな桜《さくら》ねーっ
あっ 絵《え》をかいてる人《ひと》がいますよ!
わーっ
すごいうまい!
おっ
きみたちは絵心《えごころ》があるようだね!
えへへ…
この絵《え》にタイトルをつけるとしたら「小春日和《こはるびより》」かしらね!
いいですね!
えへん!
いまは春《はる》だから「小春日和《こはるびより》」とは言《い》わないんだよ
ええーっ!?

意味《いみ》と解説《かいせつ》

三人《にん》そろってまちがえているね。小春日和《こはるびより》は「春《はる》のようにあたたかな天気《てんき》」のこと。秋《あき》の終《お》わりごろから冬《ふゆ》の初《はじ》めにかけての、あたたかくおだやかな晴天《せいてん》のことなんだよ。このころの気候《きこう》と陽気《ようき》が春《はる》に似《に》ていることから、「小春《こはる》」とよばれるようになったのさ。

使《つか》い方《かた》

きょうは小春日和《こはるびより》だから、コートをぬいで散歩《さんぽ》ができそうだ。

カトリーヌ
あ〜あ、恥《はじ》かいちゃった。

ジョン
「春《はる》」なんてついているから、まぎらわしいんだ。

シューイン
そういえば、中国《ちゅうごく》のこよみで十一月《がつ》のころ（新暦《しんれき》）を「小《こ》春《はる》」っていうんでしたっけ。

カトリーヌ
なんだ、それを言《い》ってくれれば、かんちがいしなくてすんだのに。

先生
おいおい、シューインのせいにするなよ。「日和《ひより》」は天候《てんこう》、なかでも晴天《せいてん》のことをいうんだ。

ジョン
おれも思《おも》い出《だ》した。北《きた》アメリカでは、小春日和《こはるびより》のことを「インディアン・サマー」っていうんだ。

シューイン
そういえば、ロシア人《じん》の友《とも》だちは、「バービエ・レータ」といってましたよ。

カトリーヌ
いろいろな国《くに》に「小春日和《こはるびより》」ってあるのね〜。

ゴホッ
ゴホッ
そうだカゼ薬《くすり》のまなきゃ
ガリガリ
サササ
食《た》べおわってからでいいんじゃない?
?
でもここに食間《しょっかん》とかいてあります
いまのんだほうがいいんです
くすり・食間《しょっかん》
そうかなぁ?
パクパク
サッサッ
ゴクゴク
パクパク
あっ、のどスプレーもつけなきゃ
パクパク
シュー
シュー
忙《いそ》しそうだなぁ〜
本当《ほんとう》にこれでいいのかしら?

意味《いみ》と解説《かいせつ》

「食間《しょっかん》」といっても、食事中《しょくじちゅう》のことではないよ。「食事《しょくじ》と食事《しょくじ》のあいだ」のこと。たとえば、給食《きゅうしょく》と夕食《ゆうしょく》のあいだの時間《じかん》にのむ、ということなんだよ。

使《つか》い方《かた》

食事《しょくじ》がすんで二時間《じかん》以上《いじょう》たったから、そろそろ薬《くすり》をのむか。食間《しょっかん》にのむ薬《くすり》だからな。

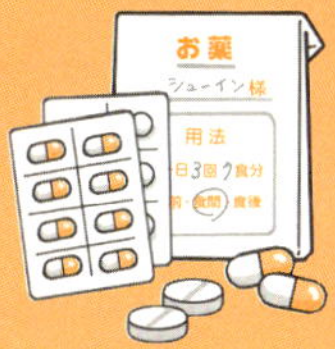

シューイン　へえ〜、そうだったのか。ちゃんと説明《せつめい》してくれればいいのになぁ。

ジョン　薬剤師《やくざいし》さんが、ちゃんと説明《せつめい》したはずだぞ。シューインの聞《き》き方《かた》が悪《わる》かったんじゃないか？

先生　食事《しょくじ》が終《お》わって二時間《じかん》を目安《めやす》に服用《ふくよう》するのが一般的《いっぱんてき》らしいよ。まあ、薬《くすり》によっても多少《たしょう》ちがうんだろうけど。

シューイン　食事《しょくじ》の影響《えいきょう》を受《う》けやすい薬《くすり》は、食間《しょっかん》にのむことがよくあるそうです。

カトリーヌ　あとは、食前《しょくぜん》、食後《しょくご》にのむ薬《くすり》があるわね。

先生　寝《ね》る前《まえ》にのむ薬《くすり》もあるんだよ。

ジョン　なんだか、薬《くすり》ののみ方《かた》の勉強《べんきょう》みたいだなぁ。

着《き》の身《み》着《き》のまま

きゃーだれか助《たす》けて!
なんだ!! なんだ!!?
ようし待《ま》ってろ!
ザバーッ
よかった～!
ありがとうございます!!
いやあ無《む》我《が》夢《む》中《ちゅう》で…着《き》の身《み》着《き》のままで飛《と》びこんでしまったよ
ちょっと待《ま》ってください!
え?
着《き》の身《み》着《き》のままというのはおかしいですね
もともと着《き》がえや荷《に》物《もつ》なんか持《も》っていなかったんでしょう?
もう! それより早《はや》くかわかさなきゃ!

意味《いみ》と解説《かいせつ》

シューインは一体《いったい》、何《なに》を言《い》いたかったんだろうね。代《か》わりに説明《せつめい》しよう。「着《き》の身《み》着《き》のまま」とは、よく「着《き》ている服《ふく》を着《き》たまま」と思《おも》われがちだけど、本当《ほんとう》は、「着《き》ている服《ふく》のほかには、着《き》がえや荷物《にもつ》などを手《て》ばなし、なにも持《も》っていない状態《じょうたい》になること」なんだ。

使《つか》い方《かた》

クラスメートの家《いえ》が火事《かじ》にあって、着《き》の身《み》着《き》のままになってしまった。

シューイン　この言葉《ことば》は、つまり、「この身《み》ひとつで」と似《に》たような意味《いみ》ですか?

ジョン　「裸一貫《はだかいっかん》」なんていうのも、似《に》ているぞ。

先生　そうだね。それじゃたとえば「山《やま》でクマに出《で》くわし、着《き》の身《み》着《き》のままで逃《に》げだした」という言《い》い方《かた》はどうかな?

カトリーヌ　リュックもストックもみんな投《な》げだして、体《からだ》ひとつで逃《に》げたっていうことなら、正《ただ》しい使《つか》い方《かた》だと思《おも》います。

先生　正解《せいかい》。なにも持《も》たずに、というところがポイントだね。

ジョン　でもさ、クマにあったら逃《に》げだすってダメなんだぜ。すぐに追《お》いつかれちゃう。

シューイン　ぼくは、死《し》んだふりをします。

ジョン　それもだめ。特《とく》にシューインはうまそうだから。

情《なさ》けは人《ひと》のためならず

あっ
大丈夫《だいじょうぶ》!?
だめだよ カトリーヌ
ぐす…
甘《あま》やかすと その子《こ》のために ならないぜ
「情《なさ》けは人《ひと》のためならず」っていうだろ
それって そういう 意味《いみ》じゃないと 思《おも》いますけど
じゃあ どういう 意味《いみ》だよ
あたしも 気《き》になる〜
助《たす》けて くれるの? くれないの?

意味《いみ》と解説《かいせつ》

これは、まちがって使《つか》われる言葉《ことば》の代表《だいひょう》のように、よく紹介《しょうかい》されているね。「情《なさ》けは人《ひと》のためだけではなく、いずれめぐりめぐって自分《じぶん》にいいことが返《かえ》ってくるのだから、だれにでも親切《しんせつ》にすべきだ」というのが、本当《ほんとう》の意味《いみ》だよ。

使《つか》い方《かた》

足《あし》をケガしているんだろう。荷物《にもつ》を持《も》ってあげるよ。なあに、情《なさ》けは人《ひと》のためならずさ。

カトリーヌ　ジョン

(カトリーヌ)「情《なさ》け」っていうのは、「親切《しんせつ》」と思《おも》っていいのね。

(ジョン)おれ、まちがえておぼえていたみたい。

先生

無理《むり》もないよ。二〇一〇年度《ねんど》の国《くに》の調査《ちょうさ》では、「情《なさ》けをかけるのは、結局《けっきょく》その人《ひと》のためにならない」と思《おも》っている人《ひと》が約《やく》四十六パーセント。「情《なさ》けは人《ひと》のためだけではなく、いずれめぐりめぐって自分《じぶん》にいいことが返《かえ》ってくるのだから、だれにでも親切《しんせつ》にすべきだ」という意味《いみ》にとらえている人《ひと》も約《やく》四十六パーセントだったからね。

シューイン

つまり、まちがえて解釈《かいしゃく》している人《ひと》と正《ただ》しい解釈《かいしゃく》をしている人《ひと》が同《おな》じくらいというわけですね。

カトリーヌ

わかりやすく言《い》うと、「人《ひと》に親切《しんせつ》にすると、いつか人《ひと》から親切《しんせつ》にしてもらえるようになる」ということね。

先生

そういうこと。反対《はんたい》の意味《いみ》にとられてしまった代表的《だいひょうてき》な言葉《ことば》といえるね。

にやける

あっ ジョンだわ
ニヤ ニヤ
なにを にやけているの かしら?
ニヤ ニヤ…
わかりました ジョンは あそこのかわいい 下級生《かきゅうせい》を みてるんです
きっとあの子《こ》たちに モテモテになってる 自分《じぶん》を思《おも》いうかべて るんです たくましい想像力《そうぞうりょく》 です
まぁ!
想像力《そうぞうりょく》が たくましいのは シューインの ほうだろ!
このテストを パパに見《み》せたら なにか買《か》って もらえると 思《おも》ったんだ!
みんな 信《しん》じて!
82

意味《いみ》と解説《かいせつ》

もともとは、「男《おとこ》がへんにめかしこんだり、かっこうをつけたりする」とか「一人《ひとり》でにやにやする。口《くち》もとがゆるんで笑顔《えがお》になる」といった意味《いみ》だよ。最近《さいきん》では、「うす笑《わら》いをうかべる」という意味《いみ》も、認《みと》められてきているんだ。

使《つか》い方《かた》

わたし、ああいうにやけた人《ひと》はきらい。もっと、きりっとした男《おとこ》らしい人《ひと》がいいわ。

カトリーヌ　わたしの使《つか》い方《かた》であっていたのね。

先生　うん。正《ただ》しかったよ。

ジョン　「口《くち》もとがゆるんで笑顔《えがお》になる」っていうけど、テレビを見《み》ていて、ちょっとおもしろくて笑《わら》っても「にやける」なのかなぁ。

シューイン　コントがおもしろくて、クスッとすることもあります。

先生　その場合《ばあい》は、ほかの人《ひと》が見《み》てもどうして笑《わら》っているのかわかるだろう？　「にやける」っていうのは、思《おも》い出《だ》し笑《わら》いのように、他人《たにん》から見《み》るとどうして笑《わら》っているのか、わからないような場合《ばあい》に使《つか》う言葉《ことば》だよ。

カトリーヌ　ちょっとジョン。また、にやけてるわね。

ジョン　鏡《かがみ》で見《み》ると、おれってかっこいいなぁと思《おも》って。つい、ね。

まごにも衣装《いしょう》

ジョン おとなりさん 今年《ことし》は七五三《しちごさん》だそうよ
千歳《ちとせ》あめを あげるから おいでって
本当《ほんとう》!?
あめをいっぱい もらえるように ほめてやろう
いや～ かわいい ですね～
りっぱな お孫《まご》さん だぁ～
これぞ「孫《まご》にも衣装《いしょう》」ですね～
むぅ!
ちとせアメ
このアメは ジョンじゃなくて 犬《いぬ》にあげよう
くんくん…
アメ
ええ!? どうして!?
なにが 悪《わる》かったの!?
いまのは 冗談《じょうだん》だよ
きみは まちがえて おぼえてるね?

意味《いみ》と解説《かいせつ》

この言葉《ことば》は、意味《いみ》と漢字《かんじ》の両方《りょうほう》をまちがえている場合《ばあい》が多《おお》い。まず「まご」が「孫《まご》」だと思《おも》っている人《ひと》が多《おお》い。ところが、これは大《おお》まちがいだ。「まご」は「馬《ま》子《ご》」と書《か》く。馬子《まご》とは、むかし馬《うま》をひいて人《ひと》や荷物《にもつ》を運《はこ》ぶことを仕事《しごと》にしていた人《ひと》たちのことなんだ。

使《つか》い方《かた》

すごくかわいいじゃないか。「まごにも衣装《いしょう》」だなんて、失礼《しつれい》だな。

シューイン
「孫《まご》」じゃなくて、「馬子《まご》」だったんですね。

カトリーヌ
そういう人《ひと》でも、ちゃんとした服《ふく》を着《き》れば、それなりにりっぱに見《み》えるっていうことでしょう?

シューイン
い、一番《いちばん》いいところを言《い》われてしまいました。

ジョン
そうか。じゃあ、「まごにも衣装《いしょう》でかわいいね」なんて言《い》ったら、失礼《しつれい》なんだ。

先生
「おまえなんかでも、ちゃんとした服《ふく》を着《き》ればまあまあだな」という、バカにした意味《いみ》になりかねないからね。

ジョン
この言葉《ことば》って、相手《あいて》にたいしてすごく失礼《しつれい》な言葉《ことば》なんだな。

カトリーヌ
それに、馬《うま》に関係《かんけい》した仕事《しごと》をしている人《ひと》にも、とってもいやな感《かん》じをあたえるわね。

いそいそと

丸々医院
ぼく先《さき》に帰《かえ》ります
ぴゅーッ
?
ずいぶんといそいそと帰《かえ》っちゃったわね
なにか急用《きゅうよう》でも思《おも》い出《だ》したのかしら…
その「いそいそ」はまちがいですよ
わーもれちゃう!
早《はや》く行《い》きなって!

意味《いみ》と解説《かいせつ》

「いそいそ」というと、「いそいで」とか「いそがしい」からきた言葉《ことば》のような気《き》がするね。でも本当《ほんとう》の意味《いみ》は、「うれしくて、その気持《きも》ちが動作《どうさ》にあらわれていること」なんだ。だから、カトリーヌの言葉《ことば》づかいはまちがい。落《お》ち着《つ》かないという意味《いみ》はないんだよ。

使《つか》い方《かた》

姉《あね》は友《とも》だちとハワイ旅行《りょこう》へ行《い》くんだと言《い》って、いそいそと出《で》かけていった。

シューイン
ぼくは、別《べつ》にうれしくてトイレに行《い》ったわけじゃありません。

カトリーヌ
「あの子《こ》は朝《あさ》からずっといそいそしている」っていうのはどうかしら。

シューイン
それって、なんだか落《お》ちつかない感《かん》じですね。

ジョン
それは「そわそわ」じゃないのか？

先生
そうだね。うれしさが動作《どうさ》にあらわれるんだから、「いそいそと出《で》かけていった」ならいいんじゃないか？

カトリーヌ
デートの約束《やくそく》でもあったら、そんな感《かん》じになるわね。

シューイン
「いそいそ」は「うきうき」「わくわく」と同《おな》じような意味《いみ》ですね。

ジョン
デートの相手《あいて》がカトリーヌだったら、「いやいや」だな。

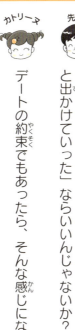

知《ち》恵《え》熱《ねつ》

もう夕方《ゆうがた》だし
寒《さむ》くなってきた
から帰《かえ》りましょ
……
うん
シューイン
帰《かえ》ろ
う～ん
もうちょっと…
きょうはずーっと
クロスワード
パズルを
やってるわね
カゼを
引《ひ》くわよ
はっくしょん!
まだ
大丈夫《だいじょうぶ》
もう引《ひ》いてる
じゃん
あら
シューイン
いっしょ
に帰《かえ》り
ましょ
まだここに
います!
あら
熱《ねつ》があるわ!
!!
ただの
知恵熱《ちえねつ》
です!
うそよ
ぜったい
カゼだわ!
グスッ…

意味《いみ》と解説《かいせつ》

「知恵《ちえ》の熱《ねつ》」という書《か》き方《かた》をするところから、「頭《あたま》の使《つか》い過《す》ぎで出《で》る熱《ねつ》のこと」とかんちがいされることがある言葉《ことば》なんだ。でも本当《ほんとう》の意《い》味《み》は、「生《う》まれて半年《はんとし》から一年《ねん》ぐらいの赤《あか》ちゃんが熱《ねつ》を出《だ》すこと」なんだよ。

使《つか》い方《かた》

おとなりの赤《あか》ちゃんは、最《さい》近《きん》よく熱《ねつ》を出《だ》すようになった。一歳《さい》の誕生日《たんじょうび》をむかえたばかりだし、きっと知恵《ちえ》熱《ねつ》なんだな。

どうして、「知恵熱《ちえねつ》」を「半年《はんとし》から一歳《さい》ぐらいの赤《あか》ちゃん」に、限定《げんてい》しているのかしら。

そのころに、知恵《ちえ》がついてくるからじゃないですか?

ちょうど、熱《ねつ》を出《だ》しやすいころなんじゃねえの?

いい線《せん》いってるね。だいたい、あっているよ。生《う》まれたての新生児《しんせいじ》って、熱《ねつ》を出《だ》しにくい。それはお母《かあ》さんからうけつぐ免疫《めんえき》（病気《びょうき》などに対《たい》する抵抗力《ていこうりょく》）があるからなんだ。それが一歳《さい》ごろになると、なくなってくるのさ。

なるほど! それと同《おな》じころに知恵《ちえ》がつきはじめるんですね。だから知恵熱《ちえねつ》っていうんでしょう。

そのとおり。むかしは、免疫《めんえき》に対《たい》する知識《ちしき》がとぼしかったので、そんなふうに考《かんが》えたんだね。

わたしが勉強《べんきょう》のしすぎで熱《ねつ》を出《だ》しても、知恵熱《ちえねつ》とはいわないのね。

時《とき》を分《わ》かたず

アハハッ
先《さき》に宿題《しゅくだい》をやってしまったら?
え~もうちょっとやってから
ダメだ! ずっとあそんでるじゃないか
時《とき》を分《わ》かたずやりなさい!
ええッ!
ジョンってそんなに勉強家《べんきょうか》なんですか!?
?
時《とき》を分《わ》かたず勉強《べんきょう》してるなんてびっくりだわ
なのにどうしてテストの点《てん》は二十点《てん》や三十点《てん》ばかりなのかしら?
?
?

意味《いみ》と解説《かいせつ》

ジョンのパパは、「時《とき》を分《わ》かたず」を「すぐに」という意味《いみ》だと思《おも》ったようだね。けれど、それはまちがい。正《ただ》しくは、「いつも」とか「常《つね》に」といった意味《いみ》なんだ。ジョンが「いつも勉強《べんきょう》している」と聞《き》きとったカトリーヌとシューインは、思《おも》わずびっくりだね。

使《つか》い方《かた》

エジソンは、わかいころから時《とき》を分《わ》かたず、研究《けんきゅう》にはげんでいたらしい。

ああ、びっくりした。やっぱり、ジョンのパパのかんちがいだったんですね。

うるさいなあ。パパはまだ、日本語《にほんご》の勉強《べんきょう》が足《た》りないだけなんだ。

じゃあ、パパのほうが時《とき》を分《わ》かたず、日本語《にほんご》を勉強《べんきょう》しなくちゃだめね。

ところで、「分《わ》かたず」って、どういう意味《いみ》だ?

「分《わ》かつ」は「分《わ》ける、区切《くぎ》る」という意味《いみ》だから、「分《わ》かたず」は「分《わ》けない、区切《くぎ》らない」ということさ。

つまり、「時間《じかん》を区切《くぎ》らない」から「いつでも」ということになるわけですね。

じゃあカトリーヌは、「時《とき》を分《わ》かたずしゃべり続《つづ》ける」ってところだな。

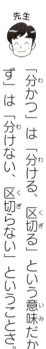

水《みず》菓《が》子《し》

いつも娘《むすめ》がおせわになっております
いま、水《みず》菓《が》子《し》でもお持《も》ちしますね
「水《みず》菓《が》子《し》」か…
ずいぶんむずかしい日《に》本《ほん》語《ご》を勉《べん》強《きょう》してるんだな
メロンかな…
イチゴかな…
この緑《りょく》茶《ちゃ》にはちょっと合《あ》わなそうだけど…
どうぞ〜！水《みず》菓《が》子《し》です
どうぞ〜！
やっぱり外《がい》国《こく》の人《ひと》にとって水《みず》菓《が》子《し》はこうなるよな…
ゼリー
水《みず》ようかん

意味《いみ》と解説《かいせつ》

水菓子《みずがし》。その漢字《かんじ》と言葉《ことば》のひびきからすれば、水《みず》ようかんやゼリー、さらにプリンなど、水《みず》っぽいお菓子《かし》をイメージしても、けっしておかしくはない気《き》がするね。でも、水菓子《みずがし》というのは、「果物《くだもの》」のことなんだ。水《みず》っぽいお菓子《かし》は、「生菓《なまが》子《し》」とよくいうね。

使《つか》い方《かた》

メロン、オレンジ、バナナ、ぶどう……。どの水菓子《みずがし》もぼくは大好《だいす》きだ。

カトリーヌ
まったくうちのママとパパったら、むりしてむずかしい日本《にほん》語《ご》を使《つか》おうとするから、わたしが恥《はじ》をかくじゃない。

先生
でも、現代《げんだい》じゃ、日本人《にっぽんじん》でもあまり使《つか》わない言葉《ことば》だね。「水菓子《みずがし》」という呼《よ》び方《かた》は、江戸時代《えどじだい》からあったんだ。それは果物《くだもの》のことだけど、上方《かみがた》（関西地方《かんさいちほう》）では、すでに「くだもの」と呼《よ》んでいたらしいよ。

シューイン
それじゃ、関西《かんさい》での呼《よ》び方《かた》が、現代《げんだい》に伝《つた》えられたってことですか？

先生
そのようだね。専門分野《せんもんぶんや》などでは、ゼリーやプリン、水《みず》ようかんなどのことを「水菓子《みずがし》」というので、そのへんから「水《みず》菓子《がし》」と呼《よ》ぶこともいまでは多《おお》くなってきたようだけど。

ジョン
水菓子《みずがし》は果物《くだもの》のことだけど、カトリーヌのママとパパのように、現代《げんだい》では水《みず》ようかんなんかを水菓子《みずがし》って呼《よ》んでも、まちがいとはいいきれないってことなんだな。

先生
そういうこと。

シルクハットから
いろんなものが
出《で》てきます
わーっ!!
おらおら!
おれにも
見《み》せろ!
おまえはとなりの
クラスだろ!
いきなり乱入《らんにゅう》して
くるんじゃねぇよ!
おお~い
カトリーヌ
忘《わす》れものだぞ!
やだー!　ちょっとパパ
関係《かんけい》ないのに乱入《らんにゅう》してこないでよ
人《ひと》が多《おお》いなぁ
押《お》すなよ!
押《お》すなよ!
ガターン!!
ドドドドッ
わわっ!
これが正《ただ》しい
「乱入《らんにゅう》」ですよ!
わーっ!!

意味《いみ》と解説《かいせつ》

マンガを見《み》て、「乱入《らんにゅう》」とそうでない入《はい》り方《かた》とのちがいがわかったかな？　「乱入《らんにゅう》」とは、たくさんの人《ひと》が、ドドドッとなだれこむようすをあらわす言葉《ことば》なんだ。さあ、ジョンとカトリーヌのまちがいを、会話《かいわ》のなかではっきりさせよう。

使《つか》い方《かた》

バーゲンセールのスーパーに、おばさんたちが乱入《らんにゅう》して、会場《かいじょう》は大混乱《だいこんらん》となり、ケガ人《にん》が出《で》た。

カトリーヌ
ジョンのまちがいは、たった一人《ひとり》しか入《はい》ってこなかったのに、「乱入《らんにゅう》」って言《い》ったからよね。

ジョン
カトリーヌのまちがいは、関係《かんけい》のない人《ひと》がまぎれこんできたことを「乱入《らんにゅう》」って言《い》ったことだろう？

シューイン
そうです。ぼくがさけんだように、多《おお》くの人《ひと》が、ドドドッと一気《いっき》に入《はい》りこんでくることを乱入《らんにゅう》って言《い》うんです。えへん！

先生
いばるほどのことじゃないよ。一《ひと》つ、つけ足《た》しておくと、さいしょに入《はい》ってきた子《こ》だけど、乱暴《らんぼう》に入《はい》ってきたから「乱入《らんにゅう》」というかんちがいも多《おお》いから注意《ちゅうい》するんだよ。

シューイン
なるほど。「乱入《らんにゅう》＝乱暴《らんぼう》に入《はい》る」って書《か》くから、かんちがいしやすいですよね。

ジョン
列《れつ》を乱《みだ》して入《はい》ってくるのも「乱入《らんにゅう》」じゃないよな。

雨《あめ》もよう

雨《あめ》もようのお天気《てんき》ですね
今《いま》にも降《ふ》り出《だ》しそうですよ
ブーッ
南《みなみ》のほうは雨《あめ》もようらしいな
向《む》こうから走《はし》ってくる車《くるま》がぬれてるもん
!!
いやん びしょびしょ
きょうはずっと雨《あめ》もようなのかしら？
この使《つか》い方《かた》で合《あ》ってるのかな？
?
?

意味《いみ》と解説《かいせつ》

三人《にん》とも、同《おな》じように「雨《あめ》もよう」と言《い》いながら、状況《じょうきょう》は全然《ぜんぜん》ちがっているね。それではいったい、どのような天候《てんこう》のことを「雨《あめ》もよう」っていうんだろう。今回《こんかい》はちょっと、いじわるをしちゃったかな？　じつは三人《にん》とも正解《せいかい》なんだ。

使《つか》い方《かた》

外《そと》が暗《くら》くなってきたと思《おも》ったら、いつのまにか、雨《あめ》もようの雲《くも》が出《で》ていた。

カトリーヌ

先生《せんせい》、ずるい！

先生

ごめん、ごめん。まあ、このように、さまざまな状況《じょうきょう》でも使《つか》える言葉《ことば》があるっていうことだよ。

シューイン

ぼくの場合《ばあい》は、「雨《あめ》が降《ふ》り出《だ》しそうな天気《てんき》」のことですよね。

ジョン

おれは「雨《あめ》が降《ふ》っているらしい天気《てんき》」のことだ。

カトリーヌ

わたしの場合《ばあい》は、「実際《じっさい》に雨《あめ》が降《ふ》っている状態《じょうたい》」のことよ。

先生

そう。いずれの場合《ばあい》にも使《つか》っていい言葉《ことば》なんだ。ただ、カトリーヌの使《つか》い方《かた》は、最近《さいきん》、使《つか》われるようになった、わりと新《あたら》しい使《つか》い方《かた》なんだよ。読《よ》み方《かた》は「あめもよう」「あまもよう」のいずれでもいいんだ。

シューイン

たとえば、「きょうも雨《あめ》もようだ。せんたくものが、なかなか乾《かわ》かないな」などという言《い》い方《かた》もできるわけですね。

心《こころ》やり

おばあさん どうぞ
おやまぁ ありがとね
同《おな》じ駅《えき》で降《お》りるんだね
上《うえ》まで荷物《にもつ》持《も》ってあげる！
ありがとねぇ
ジョンは心《こころ》やりのある子《こ》に育《そだ》ったなぁ
ホントにわたしに似《に》たのね
おれだよ
いえ わたしよ！
言葉《ことば》の使《つか》い方《かた》まちがえとるよ

意味《いみ》と解説《かいせつ》

ジョンのパパ、「心《こころ》やり」を「心《こころ》くばり」や「思《おも》いやり」とまちがえてるぞ。たしかに、文字《もじ》の感《かん》じからすると、やさしい心《こころ》のような気《き》がするよね。ところが本当《ほんとう》の意味《いみ》は、「気晴《きば》らし」「うっぷん晴《ば》らし」なんだ。ちょっと意外《いがい》だよね。

使《つか》い方《かた》

お母《かあ》さんにこっぴどくしかられたから、心《こころ》やりにボールを思《おも》いきりけった。

シューイン
これって本当《ほんとう》に意外《いがい》です。

カトリーヌ
漢字《かんじ》で書《か》くと、「心遣《こころや》り」でしょ？「思《おも》い遣《や》り」と同《おな》じ漢字《かんじ》を使《つか》うのに。

先生
そうだね。たしかに意外《いがい》な感《かん》じがするよね。でも「遣《や》る」という漢字《かんじ》・言葉《ことば》には「心《こころ》をそこに向《む》かわせる」という意味《いみ》のほかに、「まぎらす、はらす」という意味《いみ》もあるんだ。

シューイン
だから、「（落《お》ち着《つ》かない）心《こころ》をまぎらわす、（うっぷんを）晴《は》らす」という意味《いみ》になるんですね。

ジョン
じゃあ、うちのパパとママは、「思《おも》いやりのある子《こ》」っていうべきだったんだな。

カトリーヌ
でもジョン。本当《ほんとう》は、おこづかいアップが目的《もくてき》だったんでしょ？

ジョン
ばれてた？

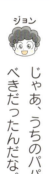

世間《せけん》ずれ

○△□駅
←○△駅
△□
いやねぇ こんなところで大声《おおごえ》でうたったりして世間《せけん》ずれしているわ
ほんと世間《せけん》の常識《じょうしき》からズレていますよね
ニヤニヤ
あなたいい声《こえ》してますよね うちの芸能《げいのう》プロダクションに入《はい》りませんか?
手数料《てすうりょう》として二十五万円《まんえん》 契約料《けいやくりょう》として五十万円《まんえん》用意《ようい》してください
世間《せけん》ずれしてるのはメガネの男《おとこ》のほうだ
え? どういうこと?

意味《いみ》と解説《かいせつ》

二〇〇四年度《ねんど》の国《くに》の調査《ちょうさ》によると、「世間《せけん》ずれ」を「世《よ》の中《なか》の考《かんが》えから、はずれている」という意味《いみ》で使《つか》っている人《ひと》が三十パーセント以上《いじょう》いるらしい。けれど本来《ほんらい》は、「世間《せけん》を渡《わた》ってきて、ずるがしこくなっている」という意味《いみ》なんだよ。

使《つか》い方《かた》

あの政治家《せいじか》は世間《せけん》ずれしていて、口《くち》で言《い》うことと行動《こうどう》がバラバラだ。まったく信用《しんよう》できないな。

ジョン

これも、「心《こころ》やり」と同《おな》じで、言葉《ことば》の感《かん》じとは全然《ぜんぜん》ちがってるな。

カトリーヌ

そうね。「世間《せけん》ずれ→世間《せけん》とずれている→非常識《ひじょうしき》」って考《かんが》えるほうが、自然《しぜん》だものね。

シューイン

この言葉《ことば》の「ずれ」って、どんな意味《いみ》なんでしょうか。

先生

ふつう「ずれ」といえば、「はずれている」という意味《いみ》だと思《おも》うよね。けれど、ここでいう「ずれ」というのは、漢字《かんじ》で書《か》くと、「擦《す》れ」、つまり「すり減《へ》る」ということなんだ。

シューイン

あっ、わかりました。「生《い》きてきたなかで、もともとあった純《じゅん》粋《すい》な気持《きも》ちがすり減《へ》って、ずるさを身《み》につけた」っていうことでしょう!

先生

すごいな、シューイン。

シューイン

へへっ、じつはこっそり調《しら》べたんです。

住《す》めば都《みやこ》

お台場《だいば》楽《たの》しかったわネ！
あっ！
新橋《しんばし》のビル群《ぐん》が見《み》えますよ
ブーッ
いやぁ～こんな都会《とかい》に住《す》めるなんて夢《ゆめ》みたいだ
そうね住《す》むならいなかじゃなくて都会《とかい》よね
「住《す》めば都《みやこ》」っていうくらいだから都会《とかい》がいいんだよ
いまのちがうんじゃ？

意《い》味《み》と解《かい》説《せつ》

この家族《かぞく》は、「住《す》むのなら都《と》会《かい》に限《かぎ》る」という意味《いみ》で、「住《す》めば都《みやこ》」と言《い》っているようだ。けれど残念《ざんねん》。この使《つか》い方《かた》はまちがっている。「住《す》めば都《みやこ》」の本当《ほんとう》の意味《いみ》は、「どんなところに住《す》んでいても、慣《な》れ親《した》しんでしまえば暮《く》らしやすい、よい土地《とち》だと思《おも》える」という意味《いみ》なのさ。

使《つか》い方《かた》

こんないなかに住《す》むのはいやだと思《おも》っていたけれど、住《す》めば都《みやこ》でとても快適《かいてき》だ。

あの家族《かぞく》、きっと地方《ちほう》から引《ひ》っ越《こ》してきたんですね。

両親《りょうしん》とも、『住《す》むのなら都会《とかい》に限《かぎ》る』って言《い》いたかったのかしら。

そうみたいだな。地方《ちほう》は地方《ちほう》なりのよさがあるのになぁ。

よく『住《す》めば都《みやこ》で、地方《ちほう》の暮《く》らしもいいもんだ』などと使《つか》いますよね。

あの両親《りょうしん》の気持《きも》ちをあらわすのなら『住《す》まば都《みやこ》』と言《い》わなくちゃ。

それって、むかしの言葉《ことば》みたいね。先生《せんせい》、本当《ほんとう》は何歳《なんさい》です?

そ、そんなことはともかく、似《に》たような意味《いみ》の言葉《ことば》に、「地獄《じごく》も住《す》みか」「住《す》めばいなかも名所《めいしょ》」「住《す》めば都《みやこ》で花《はな》が咲《さ》く」「住《す》めば都《みやこ》の風《かぜ》が吹《ふ》く」などがあるんだよ。

ひもとく

どうしたの？
むずかしい顔《かお》をして
〜〜〜……
このクロスワードパズルがむずかしくて
いまその問題《もんだい》をひもといているところなんです
うわっ むずかしそう
クロスワードパズル
ところで「ひもとく」って…
単《たん》に「とく」って言《い》った場合《ばあい》と、どうちがうんだ？
うーん…
そのなぞをひもとく必要《ひつよう》がありそうネ！
キラーン！
だから、その「ひもとく」がわかんないんだってば！

意味《いみ》と解説《かいせつ》

「ひもとく」とは、「問題《もんだい》をとく」という意味《いみ》ではないんだよ。正《ただ》しくは、「本《ほん》を読《よ》む」という意味《いみ》なんだ。それも、研究書《けんきゅうしょ》や歴史書《れきししょ》などの古《ふる》い書物《しょもつ》を読《よ》むこと。ただ、カトリーヌの言《い》った「なぞをひもとく」という言《い》い方《かた》は、一般的《いっぱんてき》によく使《つか》われるようになった言葉《ことば》だね。

使《つか》い方《かた》

あの学者《がくしゃ》さんは、いつでも古《ふる》ぼけたむずかしい本《ほん》をひもといている。

カトリーヌ

クロスワードパズル、わたしは苦手《にがて》だわ。

シューイン

そんなことは、どうでもいいんです。それにしても、どうして古《ふる》くてむずかしい本《ほん》を読《よ》むことを『ひもとく』なんて言《い》うんでしょうか。

先生

むかしの本《ほん》は、いまとちがって巻物《まきもの》だった。その巻物《まきもの》は、『ひも』で閉《と》じてあって、それをほどき、広《ひろ》げて読《よ》んだから、そう言《い》うようになったんだよ。

ジョン

じゃあどうして、『古《ふる》くてむずかしい本《ほん》』って、限定《げんてい》されているわけ?

先生

それは、『ひもとく』というのが、単《たん》に『読《よ》む』というよりも、『読《よ》んで調《しら》べる』ことを意味《いみ》する言葉《ことば》だからなんだよ。

ジョン

じゃあ電子《でんし》ブックで読《よ》んだらなんて言《い》うんだ?

先生

……。

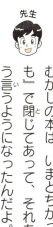

まちがいやすい、同《おな》じ意味《いみ》が重《かさ》なっている言葉《ことば》

新《あたら》しい新製品《しんせいひん》↓新《あたら》しい製品《せいひん》・新製品《しんせいひん》

あとで後悔《こうかい》する↓あとで悔《く》やむ

一番最初《いちばんさいしょ》↓最初《さいしょ》・一番始《いちばんはじ》め

いきなり急発進《きゅうはっしん》する↓急発進《きゅうはっしん》する

いまだに未完成《みかんせい》↓未完成《みかんせい》

今《いま》の現状《げんじょう》↓現状《げんじょう》

思《おも》いもしないハプニング↓ハプニング

過半数《かはんすう》を超《こ》える↓半数《はんすう》を超《こ》える・過半数《かはんすう》に達《たっ》する

最後《さいご》のラストスパート↓ラストスパート・最後《さいご》のスパート

水深《すいしん》の深《ふか》さをはかる↓水深《すいしん》をはかる

すべてを一任《いちにん》する↓すべてまかせる・一任《いちにん》する

先生様《せんせいさま》↓先生《せんせい》

速効効果《そっこうこうか》がある↓即効性《そっこうせい》がある

捺印《なついん》を押《お》す↓捺印《なついん》する

排気《はいき》ガス↓排気《はいき》・排《はい》ガス

犯罪《はんざい》を犯《おか》す↓罪《つみ》を犯《おか》す

秘密《ひみつ》のかくしごと↓秘密《ひみつ》のこと・かくしごと

平均《へいきん》アベレージ↓平均《へいきん》・アベレージ

募金《ぼきん》をつのる↓募金《ぼきん》を呼《よ》びかける

まず最初《さいしょ》に↓最初《さいしょ》に・まず

炎天下《えんてんか》のもと↓炎天下《えんてんか》

コラム欄《らん》↓コラム

不快感《ふかいかん》を感《かん》じる↓不快感《ふかいかん》をいだく

頭《あたま》が頭痛《ずつう》↓頭《あたま》が痛《いた》い

使《つか》い方《かた》の思《おも》いちがい

使《つか》い方《かた》の思《おも》いちがい

明《あか》るみになった↓明《あか》るみに出《で》た

ここに置《お》いたクッキー知《し》らない？
さあ…
じゃあだれが？
だれだろな？
……
うーんだれでしょう？
うーん…
クッキーのかけらだわ
これで事実《じじつ》が明《あか》るみになったな

正答《せいとう》と解説《かいせつ》

カトリーヌ

この言《い》い方《かた》も、よく使《つか》われるけど、ジョンの言《い》った、「明《あか》るみになった」はまちがい。正《ただ》しくは、「明《あか》るみに出《で》た」と言《い》うべきよ。「明《あか》るみ」というのは「明《あか》るいところ」という意味《いみ》だから、「事実《じじつ》が明《あか》るいところに出《で》る」ということね。シューイン、クッキーはゆるすから、その代《か》わりにケーキをお願《ねが》いね。

正《ただ》しい用例《ようれい》

秘密《ひみつ》のままにしておきたかったが、とうとう事実《じじつ》が、**明《あか》るみに出《で》てしまった。**

足《あし》げりにする↓足《あし》げにする

カトリーヌ
こっちもはいてください
わっ
やめて下《くだ》さい
プンッ
どうしてそんな人《ひと》を足《あし》げりにするようなことをするんですか！

正答《せいとう》と解説《かいせつ》

ジョン

こういうときは、「足《あし》げにする」って言《い》うんだぜ。それは、「人《ひと》に対《たい》して、ひどい仕打《しう》ちをする」ってことなのさ。

「足《あし》げりにする」じゃ、本当《ほんとう》にキックされることになるぞ。カトリーヌがシューインを足《あし》げにしたのは、髪《かみ》をカットしてきたのに気《き》づいてくれなかったからだとさ。実《じつ》はおれもさっき、足《あし》げにされたばかりだよ。

正《ただ》しい用例《ようれい》

いくらぼくのせいで、試合《しあい》に負《ま》けたからって、そんなに**足《あし》げにしなくたって**、いいじゃないか。

使《つか》い方《かた》の思《おも》いちがい

ありの入《はい》りこむすきもない→ありのはい出《で》るすきもない

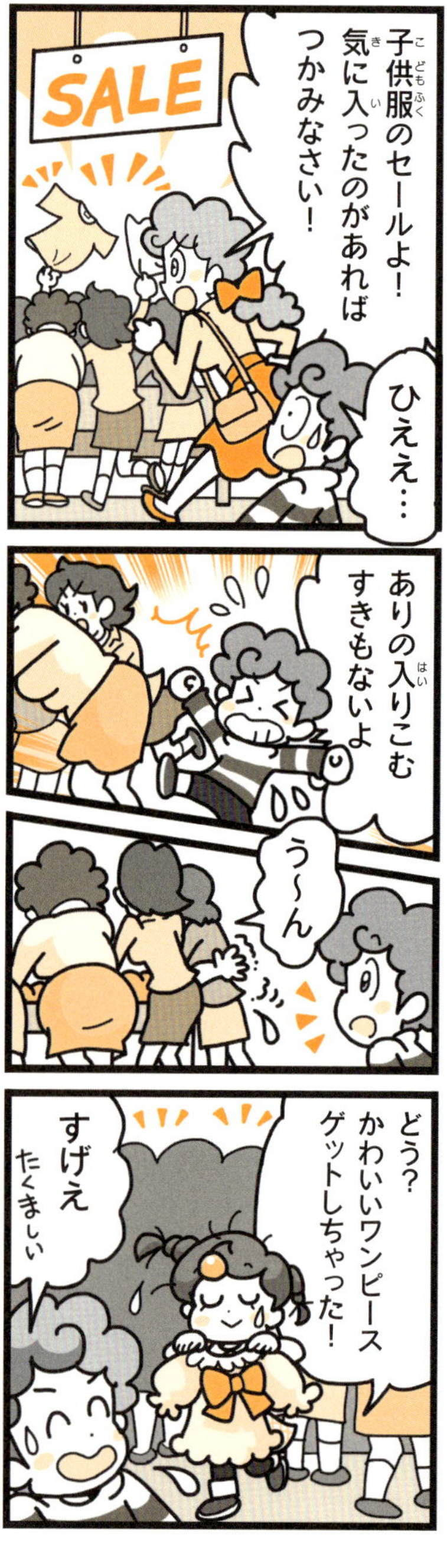

正答《せいとう》と解説《かいせつ》

これは、体《からだ》の小《ちい》さなアリが逃《に》げだすことすらできないほど、警戒《けいかい》がきびしいことをたとえているのよ。だから、「はい出《で》る」が正解《せいかい》。「警戒《けいかい》」に限《かぎ》らなくても、たとえばこのマンガのように、小《ちい》さなアリがはい出《で》て逃《に》げていくような小《ちい》さなすきまさえないほど、たくさんの人《ひと》が集《あつ》まっている、という意味《いみ》でもあるわね。「はい出《で》るすき」を「はい出《で》るすき間《ま》」とまちがえる人《ひと》も多《おお》いから、要注意《ようちゅうい》よ。

正《ただ》しい用例《ようれい》

アイドルのサイン会《かい》は、黒山《くろやま》の人《ひと》だかりで、**ありのはい出《で》るすきもない。**

上《うえ》には上《うえ》がいる↓上《うえ》には上《うえ》がある

正答《せいとう》と解説《かいせつ》

カトリーヌ

「上《うえ》には上《うえ》が」っていうのは、「ヒト」のことじゃないの。「モノ」のことなのよ。「上《うえ》には上《うえ》がある」とは、最高《さいこう》にすぐれていると思《おも》っても、世《よ》の中《なか》には、もっとすぐれたものがあるということ。人《ひと》そのものがすぐれているとか、劣《おと》っているとかじゃなくて、人《ひと》がなにかをする「モノ」や「コト」に対《たい》して使《つか》う言葉《ことば》なの。シューインは、「いる」って、まちがえて使《つか》っちゃったのね。

正《ただ》しい用例《ようれい》

ぼくは五十メートルを七秒《びょう》三で走《はし》ることができる。転校《てんこう》してきたあの子《こ》は六秒《びょう》九で走《はし》った。上《うえ》には上《うえ》があるものだ。

使《つか》い方《かた》の思《おも》いちがい

顔《かお》をうかがう↓顔《かお》色《いろ》をうかがう

ねぇパパ
肩《かた》をもんであげようか？
ママ、買《か》い物《もの》してこようか？
じっ
？
ジョン
なに、人《ひと》の顔《かお》をうかがってるんだ？
いや、うかがってるのは「顔《かお》」じゃなくて「顔色《かおいろ》」！
パパの顔《かお》なんてきたなくて見《み》たくないよ！
しまった
おこづかいアップ作戦《さくせん》失敗《しっぱい》だ！

正答《せいとう》と解説《かいせつ》

シューイン

ジョン、せっかく正解《せいかい》を知《し》ってたのに、残念《ざんねん》でしたね。「うかがう」という言葉《ことば》はたしかにていねいな言葉《ことば》ですが、「顔色《かおいろ》」と組《く》み合《あ》わさると、自《じ》分《ぶん》の自信《じしん》のなさをあらわします。ジョンは、パパとママにおこづかいをふやしてもらいたい。でもなかなか言《い》いだせない。言《い》えば怒《おこ》られるかもしれない。だから、二人《ふたり》の顔色《かおいろ》をうかがいながら、おそるおそるようすをみる。こんな感《かん》じでしたね。最後《さいご》のひと言《こと》がなければねえ。

正《ただ》しい用例《ようれい》

そんな、人《ひと》の**顔色《かおいろ》をうかがう**ようなことはしないで、自分《じぶん》の意見《いけん》を堂々《どうどう》と言《い》いなさい。

風《かぜ》のうわさ↓風《かぜ》のたより

正答《せいとう》と解説《かいせつ》

ジョン

「風《かぜ》のうわさ」という言葉《ことば》はまちがいで、「風《かぜ》のたより」が正《ただ》しいんだ。「風《かぜ》のたより=うわさ」という意味《いみ》なのさ。「風《かぜ》のつて」「風《かぜ》のきこえ」なども、「風《かぜ》のたより」によく似《に》た言葉《ことば》なんだ。風《かぜ》に乗《の》ってどこからともなく聞《き》こえてきた、たより。つまりこれがうわさ話《ばなし》っていうわけ。でも、けっこう広《ひろ》まってる言葉《ことば》だよな。その理由《りゆう》のひとつが、「風《かぜ》のうわさ」という歌詞《かし》の登場《とうじょう》する歌《うた》がたくさんあるということらしい。

正《ただ》しい用例《ようれい》

わたしが小《ちい》さいころ、となりに住《す》んでいた陽気《ようき》なおじさんが、大会社《だいがいしゃ》の社長《しゃちょう》になったと風《かぜ》のたよりで聞《き》いた。

使《つか》い方《かた》の思《おも》いちがい

口数《くちかず》がへらない↓口《くち》がへらない

あらやだ!
どうして勝手《かって》に切《き》りぬいたりしたのよ!
ファッションの参考《さんこう》にしたかったの
わたしが将来《しょうらい》アイドルや女優《じょゆう》にスカウトされたらお母《かあ》さんも鼻《はな》が高《たか》いでしょ?
つまりわたしはお母《かあ》さんのために泣《な》く泣《な》く切《き》りぬいたのよ
まったく口数《くちかず》のへらない子《こ》だね…

正答《せいとう》と解説《かいせつ》

シューイン

ママの使《つか》った「口数《くちかず》がへらない」はまちがいで、正《ただ》しくは、「口《くち》がへらない」というんです。意味《いみ》は、「強《つよ》がりや負《ま》けおしみを言《い》ったり、憎《にく》まれ口《ぐち》をたたくこと」。自分《じぶん》がまちがっているとわかっていても、なんだかんだと言《い》い訳《わけ》をすることなんですね。

「へらず口《ぐち》をたたく」というのも同《おな》じ意味《いみ》。「ああ言《い》えばこう言《い》う」も、よく似《に》た意味《いみ》なんですよ。

正《ただ》しい用例《ようれい》

つまみ食《ぐ》いをしたわけを聞《き》いただけなのに、ああ言《い》えばこう言《い》う。まったく**口《くち》がへらない**子《こ》だね。

使い方の思いちがい

公算《こうさん》が強《つよ》い↓公算《こうさん》が大《おお》きい

正答《せいとう》と解説《かいせつ》

ジョン

「公算《こうさん》」の意味《いみ》は、そのことが起《お》こる確率《かくりつ》、見《み》こみのことだ。

確率《かくりつ》っていうのはふつう、「大小《だいしょう》」であらわし、「強《つよ》い、弱《よわ》い」とは言《い》わないものなんだよ。だから、カトリーヌの言《い》った「公算《こうさん》が強《つよ》い」はまちがいで、「公算《こうさん》が大《おお》きい」が正解《せいかい》。

「公算《こうさん》が高《たか》い」という言《い》いまちがいもあるから注意《ちゅうい》してくれよな。

正《ただ》しい用例《ようれい》

宝《たから》くじを買《か》ったけど、はずれる**公算《こうさん》が大《おお》きい**な。なにしろぼくは、くじ運《うん》が悪《わる》いから。

舌《した》づつみ↓舌《した》つづみ

正答《せいとう》と解説《かいせつ》

カトリーヌの言《い》うように、『舌《した》づつみ』はまちがい。「舌鼓《したつづみ》」と書《か》いて、「したつづみ」が正解《せいかい》なんだ（現在《げんざい》では「したづつみ」でもまちがいではないと認《みと》められてきている）。ふつう、「舌鼓《したつづみ》を打《う》つ」と言《い》って、「おいしいものを食《た》べたときに舌《した》を鳴《な》らす音《おと》」のことを言《い》うのさ。おいしいものを食《た》べて、パチンと鳴《な》ってしまう舌《した》を鼓《つづみ》に見立《みた》てて「舌鼓《したつづみ》」と言《い》ったものらしいよ。

正《ただ》しい用例《ようれい》

親《しん》せきのおばさんからランチの招待《しょうたい》を受《う》け、おいしいごちそうに、思《おも》わず**舌《した》つづみ**を打《う》った。

瞬間《しゅんかん》最大《さいだい》風速《ふうそく》 ↓ 最大《さいだい》瞬間《しゅんかん》風速《ふうそく》

正答《せいとう》と解説《かいせつ》

「瞬間最大風速《しゅんかんさいだいふうそく》」じゃなくて、「最大瞬間風速《さいだいしゅんかんふうそく》」が正《ただ》しいのよ。まず「瞬《しゅん》間風速《かんふうそく》」っていうのは、四分《よんぶん》の一秒《いちびょう》ごとに計《はか》った風速値《ふうそくち》の十二個分《こぶん》（三秒《びょう》）の平均値《へいきんち》のこと。その瞬間風速《しゅんかんふうそく》の一番強《いちばんつよ》いのが最大瞬間風速《さいだいしゅんかんふうそく》なの。そこで最大瞬間風速《さいだいしゅんかんふうそく》と瞬間最大風速《しゅんかんさいだいふうそく》だけど、よく似《に》ているわよね。「最大《さいだい》」の「サ」と「瞬間《しゅんかん》」の「シ」で、「サシスセソの順番《じゅんばん》」とおぼえると、まちがえないわよ。

正《ただ》しい用例《ようれい》

今度《こんど》の台風《たいふう》は、**最大《さいだい》瞬間風速《しゅんかんふうそく》**が五十メートルだそうだ。こっちにやってくる前《まえ》に、早《はや》く家《うち》に帰《かえ》らなくちゃ。

将棋《しょうぎ》を打《う》つ↓将棋《しょうぎ》を指《さ》す

正答《せいとう》と解説《かいせつ》

シューイン

ジョンのママが言《い》った「将棋《しょうぎ》を打《う》っている」はまちがいです。将棋《しょうぎ》は「指《さ》す」。囲碁《いご》は「打《う》つ」と言《い》います。囲碁《いご》というのは、なにもない盤《ばん》に碁石《ごいし》を打《う》っていくから「打《う》つ」です。将棋《しょうぎ》は、さいしょからたくさんの駒《こま》がならんでますから、「打《う》つ」ではなく、「指《さ》す」なんです。

それじゃ、カトリーヌのパパのチェスは？　とくに言《い》い方《かた》の決《き》まりはありません。「チェスをする」でいいみたいですよ。

正《ただ》しい用例《ようれい》

パチンパチンと音《おと》がすると思《おも》ったら、おじいちゃんとお父《とう》さんが、縁側《えんがわ》で**将棋《しょうぎ》を指《さ》していた。**

使い方の思いちがい

心血《しんけつ》をかたむける↓心血《しんけつ》を注《そそ》ぐ

正答《せいとう》と解説《かいせつ》

ジョン

正《ただ》しくは、「心血《しんけつ》を注《そそ》ぐ」っていうんだ。カトリーヌは、日本語《にほんご》の勉強《べんきょう》にもっと心血《しんけつ》を注《そそ》がなきゃだめだな。意味《いみ》は「持《も》っている力《ちから》のありったけを出《だ》して、全力《ぜんりょく》で取《と》り組《く》む」ってことだ。ちなみに二〇〇七年度《ねんど》に国《くに》が行《おこな》った「国語《こくご》に関《かん》する世論調査《よろんちょうさ》」では、正《ただ》しい使《つか》い方《かた》の「心血《しんけつ》を注《そそ》ぐ」を使《つか》う人《ひと》が約《やく》六十五パーセント、カトリーヌみたいに「心血《しんけつ》をかたむける」を使《つか》う人《ひと》が約《やく》十三パーセントという結果《けっか》が出《で》ているんだ。

正《ただ》しい用例《ようれい》

どうだい、このスカイツリーの工作《こうさく》。この工作《こうさく》は、ぼくが心血《しんけつ》を注《そそ》いで作《つく》りあげた傑作《けっさく》だ。

使《つか》い方の思《おも》いちがい

腹《はら》が煮《に》えくりかえる↓はらわたが煮《に》えくりかえる

ジョンがカゼで休《やす》みました
仮装大会《かそうたいかい》の代役《だいやく》を立《た》てないと…
それなら…
わたしが代《か》わってあげてもいいわ
…っておすもうさんの仮装《かそう》なのー!?
やだ!!
とってもにあってますよ
ぜんぜんわたしのキャラじゃないわ!
そんなにおこると熱《ねつ》で腹《はら》の綿《わた》が煮《に》えくりかえっちゃいます

正答《せいとう》と解説《かいせつ》

カトリーヌ

まったく、乙女《おとめ》にあんな格好《かっこう》をさせて、はらわたが煮《に》えくりかえっちゃうわ。この「はらわた」って、漢字《かんじ》では「腸《はらわた》」ってかくのよ。つまり内臓《ないぞう》の「ちょう」ね。「はらわたが煮《に》えくりかえる」の意味《いみ》は、「腹《はら》が立《た》ってがまんできない」っていう意味《いみ》だから、その怒《いか》りが表面上《ひょうめんじょう》のおなかだけでなく、その奥《おく》の「腸《ちょう》」にまでたっするほどすごい、ということなのよ。怒《おこ》る＝煮《に》えくりかえる、と表現《ひょうげん》したわけね。

正《ただ》しい用例《ようれい》

だあれ? わたしの消《け》しゴムを勝手《かって》に使《つか》ったのは。何度《なんど》も言《い》ってるのに、まったく、はらわたが煮《に》えくりかえるわ。

使い方の思いちがい

ひのき舞台《ぶたい》に出《で》る↓ひのき舞台《ぶたい》をふむ

正答《せいとう》と解説《かいせつ》

カトリーヌが言《い》ったように、「ひのき舞台《ぶたい》をふむ」が正解《せいかい》。「ひのき舞《ぶ》台《たい》」っていうのは、一流《いちりゅう》の劇場《げきじょう》のこと。かつて、床《ゆか》にひのきの板《いた》を張《は》ったのは、大劇場《だいげきじょう》の舞台《ぶたい》だけだったそうです。そのために、大芝居《おおしばい》に出演《しゅつえん》することを「ひのき舞台《ぶたい》をふむ」と言《い》うようになったんですよ。それからは舞台《ぶたい》にかぎらず、一流《いちりゅう》の場所《ばしょ》、人《ひと》から注目《ちゅうもく》を集《あつ》めるような場所《ばしょ》でかつやくすることを指《さ》して使《つか》われるようになっているんです。

正《ただ》しい用例《ようれい》

あの女優《じょゆう》さん、やっと実力《じつりょく》が認《みと》められて、あしたはいよいよ**ひのき舞台《ぶたい》をふむ**のね。

血《ち》と涙《なみだ》の結晶《けっしょう》↓血《ち》と汗《あせ》の結晶《けっしょう》

正答《せいとう》と解説《かいせつ》

監督《かんとく》さん、子《こ》どもの前《まえ》でまちがっちゃダメじゃない。正《ただ》しくは「血《ち》と汗《あせ》の結晶《けっしょう》」よ。意味《いみ》は、「大《おお》きな苦労《くろう》を重《かさ》ね、がまん強《づよ》くがんばったことで得《え》られた成果《せいか》」ということなの。いくら選手《せんしゅ》たちが泣《な》いているからって、「血《ち》と涙《なみだ》の結晶《けっしょう》」とは言《い》わないの。「血《ち》と汗《あせ》」という言葉《ことば》は、苦労《くろう》をかさねて努力《どりょく》することをたとえて使《つか》われる言葉《ことば》。

そして「結晶《けっしょう》」っていうのは、がんばった結果《けっか》のことなのよ。

正《ただ》しい用例《ようれい》

夏休《なつやす》みの工作《こうさく》のマッチ棒《ぼう》で作《つく》った高《たか》さ一メートルの東京《とうきょう》タワーが、完成《かんせい》した。これは、ぼくの**血《ち》と汗《あせ》の結晶《けっしょう》**だ。

出《で》る釘《くぎ》は打《う》たれる↓出《で》る杭《くい》は打《う》たれる

正答《せいとう》と解説《かいせつ》

ジョン

これは、「出《で》る杭《くい》は打《う》たれる」が正《ただ》しいのさ。意味《いみ》は、「活躍《かつやく》が目立《めだ》ちはじめた人《ひと》が、まわりの人《ひと》に憎《にく》まれ、じゃまをされてしまうこと」なんだ。国《くに》が二〇〇六年度《ねんど》に行《おこな》った「国語《こくご》に関《かん》する世論調査《よろんちょうさ》」では、まちがった言《い》い方《かた》の「出《で》る釘《くぎ》は打《う》たれる」を使《つか》う人《ひと》が約《やく》二十パーセントという結果《けっか》が出《で》ている。みんなのまわりで言《い》うと、運動会《うんどうかい》のとき、応援席《おうえんせき》との境《さかい》に張《は》るロープを結《むす》びつけているのが杭《くい》だよ。

正《ただ》しい用例《ようれい》

あのアイドル、急《きゅう》に人気《にんき》が出《で》たと思《おも》ったら、すぐにスキャンダルをばらまかれた。**出《で》る杭《くい》は打《う》たれる**ってヤツだな。

取《と》りつく暇《ひま》もない ↓ 取《と》りつく島《しま》もない

正答《せいとう》と解説《かいせつ》

このマンガがそのまま、解説《かいせつ》になるわ。意味《いみ》は「ボートが近《ちか》よる（取《と》りつく）島《しま》さえなく、途方《とほう》に暮《く》れてしまうこと」なのよ。だから当然《とうぜん》、正《ただ》しいのは「取《と》りつく島《しま》もない」よ。たとえば、「相手《あいて》がつっけんどんで、こちらが話《はなし》をするタイミングがみつからない」。こんなときに使《つか》う言葉《ことば》よ。「取《と》りつく暇《ひま》もない」だと、相手《あいて》の人《ひと》が忙《いそが》しくて話《はな》すひまがないことだ、と思《おも》いやすいけど、これはまちがいなの。

正《ただ》しい用例《ようれい》

A子《こ》さんは、プイッとあっちをむいたままで、わたしの話《はなし》をちっとも聞《き》こうとしない。まるっきり、**取《と》りつく島《しま》がない**わ。

間《ま》が持《も》たない↓間《ま》が持《も》てない

息子《むすこ》のジョンだよ
よろしくね
かわいい…
ドキッ
あ…あの…
きみ、何年生《なんねんせい》?
…四年生《よねんせい》…
どこに…住《す》んでるの…?
じぶんち…
ええ〜と…
……
だめだ!間《ま》が持《も》たないよ!

正答《せいとう》と解説《かいせつ》

シューイン

ジョンは、かわいい子《こ》の前《まえ》だと、どうしていいか、わからなくなるんですね。でも正《ただ》しくは、「間《ま》が持《も》てない」というんです。時間《じかん》をもてあましてどうしたらよいかわからない、とか、会話《かいわ》などをうまくつなぐことができないという意味《いみ》ですよ。二〇一〇年度《ねんど》の国《くに》の調査《ちょうさ》によると、この言葉《ことば》を正《ただ》しく使《つか》えた人《ひと》は、たったの三十パーセントほどしかいなかったそうです。ジョンがまちがえるのも無理《むり》はないかな?

正《ただ》しい用例《ようれい》

しんせきのお姉《ねえ》さんと二人《ふたり》きりになったけど、何《なに》を話《はな》していいかわからず、**間《ま》が持《も》てない**わ。

使《つか》い方《かた》の思《おも》いちがい

いやけがする↓いやけがさす

正答《せいとう》と解説《かいせつ》

ジョン

どうだい。マンガのなかでおれが使《つか》った「いやけがさす」が正解《せいかい》だい。よく「いやけがする」という人《ひと》がいるらしいけど、それはまちがいだ。「さす」は漢字《かんじ》で書《か》くと「差《さ》す」で、～のような気持《きも》ちになるという意味《いみ》だ。だから、マンガの場合《ばあい》は「もういやだ、という気持《きも》ちになること」なのさ。シューインの言《い》った「眠気《ねむけ》がさす」も「差《さ》す」という漢字《かんじ》を使《つか》う。「眠気《ねむけ》をもよおす」とも言《い》うぞ。

正《ただ》しい用例《ようれい》

いったい、いつまで迷《まよ》っているんだ。ぼくは、あの子《こ》の煮《に》えきらない態度《たいど》に、**いやけがさして**きた。

使い方の思いちがい

ぬれ手《て》に泡《あわ》↓ぬれ手《て》で粟《あわ》

夢中《むちゅう》でサッカーやってたらすっかりドロだらけになっちゃった
せっけんがほしいなぁ
おっちょうどいいや
ちょっとその泡《あわ》ちょうだい
いいよ
あれ?泡《あわ》がすべり落《お》ちちゃう
これが「ぬれ手《て》に泡《あわ》」でしょうか!?

カトリーヌ

正答《せいとう》と解説《かいせつ》

残念《ざんねん》でした、シューイン。「ぬれ手《て》に泡《あわ》」はまちがいよ。正《ただ》しくは、「ぬれ手《て》であわ」。漢字《かんじ》では、「濡《ぬ》れ手《て》で粟《あわ》」って書《か》くの。粟《あわ》はイネ科《か》の作物《さくもつ》で、ぬれた手《て》で粟《あわ》をつかむと、自然《しぜん》にたくさんの粟粒《あわつぶ》がくっついてくるの。意味《いみ》は「何《なん》の苦労《くろう》もしないで多《おお》くの利益《りえき》を得《え》ること」「努力《どりょく》せずにお金《かね》をもうけること」よ。シューインがまちがえた「ぬれ手《て》に泡《あわ》」だと、「いくら努力《どりょく》しても利益《りえき》がない」という意味《いみ》になっちゃう。

正《ただ》しい用例《ようれい》

たまたまもらった福《ふく》引《び》きが一等賞《いっとうしょう》だったんだって。賞品《しょうひん》はテレビらしいよ。それって**ぬれ手《て》で粟《あわ》**だなぁ。

熱《ねつ》にうなされる↓熱《ねつ》に浮《う》かされる

正答《せいとう》と解説《かいせつ》

わたしとしたことが、つい我《われ》を忘《わす》れてしまったわ。わたしもまちがえてしまったけど、「夢《ゆめ》にうなされる」ことはあっても、「熱《ねつ》にうなされる」ことはないのよ。ジョンの場合《ばあい》は、「熱《ねつ》に浮《う》かされる」といって、高熱《こうねつ》でうわ言《ごと》をいうことよ。何《なに》もかも忘《わす》れて、夢中《むちゅう》になっていることも「熱《ねつ》に浮《う》かされる」と言《い》うの。ちなみに二〇一四年度《ねんど》の国《くに》の調査《ちょうさ》では、「熱《ねつ》にうなされる」と答《こた》えた人《ひと》が約《やく》二十七パーセントだったらしいわよ。

正《ただ》しい用例《ようれい》

ジョンがめずらしく、かぜをひいて**熱《ねつ》に浮《う》かされている**らしいわ。お見舞《みま》いに行《い》ってあげようかな。

カエデ↓モミジ

正答《せいとう》と解説《かいせつ》

ジョン

あとでよく調《しら》べたら、カエデのことをモミジと呼《よ》ぶことはあっても、「モミジ」という種類《しゅるい》の木《き》はないんだってさ。葉《は》が赤《あか》や黄色《きいろ》に変《か》わる樹木《じゅもく》すべての呼《よ》び方《かた》が「モミジ」。カエデはそのなかの代表的《だいひょうてき》な樹木《じゅもく》の一《ひと》つというわけなんだ。

そういえば、「紅葉《もみじ》」っていう歌《うた》を思《おも》い出《だ》してみると、「赤《あか》や黄色《きいろ》の色様々《いろさまざま》に」「松《まつ》をいろどる楓《かえで》や蔦《つた》は」という歌詞《かし》があったっけ。

正《ただ》しい用例《ようれい》

秋《あき》はやっぱり紅葉《こうよう》がきれいだなぁ。カエデもツタもすっかり色《いろ》づいて、山全体《やまぜんたい》が**モミジ**で真《ま》っ赤《か》だ。

使《つか》い方《かた》の思《おも》いちがい

はなにもかけない↓はなも引《ひ》っかけない

正答《せいとう》と解説《かいせつ》

わかってないのは、シューインたちのほうよ。正《ただ》しくは、「洟《はな》も引《ひ》っかけない」って言《い》うのよ。「洟《はな》」は、鼻水《はなみず》のこと。これは、「いやな相手《あいて》にははな鼻水《はなみず》さえもひっかけたくない」という意味《いみ》なの。何《なん》だかちょっときたないわね。よく言《い》う、「はなにかける」は、「鼻《はな》にかける」と書《か》いて、じまんするという意味《いみ》だから、ぜんぜん別《べつ》の意味《いみ》になるわよ。ちなみに、「鼻《はな》で笑《わら》う」は、相手《あいて》を小《こ》バカにするということね。

正《ただ》しい用例《ようれい》

あの政治家《せいじか》の言《い》うことは、ちっとも当《あ》てにならないから、ぼくは**はなも引《ひ》っかけない**さ。

見《み》かけだおれ↓見《み》かけだおし

HOTEL
わぁーっ あのホテルに 泊《と》まるのね
やだ、意外《いがい》と きたない わね
部屋《へや》も せまいわ～
ちょっと! このホテルって 見《み》かけだおれね!
それは ちがいます お客様《きゃくさま》
フロント
そこは 「見《み》かけだおし」 というのです

正答《せいとう》と解説《かいせつ》

カトリーヌ

ホント、ひどかったわ、このホテル。見《み》かけはとっても立派《りっぱ》なのに。このホテルのように、「見《み》た目《め》の立派《りっぱ》さに中身《なかみ》が負《ま》けていること」を「見《み》かけだおし」っていうのよ。「見《み》かけだおれ」という言葉《ことば》はないのよね。「見《み》かけだおし」は、「見《み》かけが中身《なかみ》をたおしている」つまり「中身《なかみ》が見《み》かけにたおされ、負《ま》けている」という意味《いみ》を持《も》った言葉《ことば》なのよ。

正《ただ》しい用例《ようれい》

あの力士《りきし》は、体重《たいじゅう》が百八十キロもあって強《つよ》そうなのに、あっさり負《ま》けちゃったなぁ。やれやれ、とんだ**見《み》かけだおし**だ。

使《つか》い方《かた》の思《おも》いちがい

身《み》にこたえる ↓ 骨身《ほねみ》にこたえる

正答《せいとう》と解説《かいせつ》

お年寄《としよ》りもジョンも、正《ただ》しい言葉《ことば》づかいをしていました。「骨身《ほねみ》」とは骨《ほね》と肉《にく》のことだけではなく、「全身《ぜんしん》」「体《からだ》のすべて」ということなんですね。ですからマンガの二人《ふたり》の言《い》ったことは、「体《からだ》のすみからすみまで、とても寒《さむ》い」という意味《いみ》だったんです。

またこの言葉《ことば》は、「寒《さむ》さ」だけでなく、心《こころ》の状態《じょうたい》をあらわすこともあります。「あの人《ひと》の忠告《ちゅうこく》が骨身《ほねみ》にこたえた」などと言《い》いますよ。

正《ただ》しい用例《ようれい》

きょうの気温《きおん》は、氷《ひょう》点下《てんか》五度《ど》だって? どうりで寒《さむ》さが**骨身《ほねみ》にこたえる**わけだ。

使い方の思いちがい

耳《みみ》ざわりがよい↓耳《みみ》あたりがよい

正答《せいとう》と解説《かいせつ》

ジョン

「耳《みみ》ざわりがよい」っていう言《い》い方《かた》はしないんだぞ。じゃあ、なんて言《い》ったらいいのか。それは「耳《みみ》あたりがよい」だ。おいしいものを食《た》べたときに、「口あたりがいい」って言《い》うじゃないか。それと同《おな》じで、聞《き》いていてよい感《かん》じのする声《こえ》や音《おと》、言葉《ことば》などを聞《き》いたときに使《つか》う言葉《ことば》なんだよ。ただし、「耳《みみ》ざわり」を「耳触《みみざわ》り」と書《か》いて、「聞《き》いた感《かん》じ」という意味《いみ》をくわえた辞書《じしょ》もあるので、この言葉《ことば》も認《みと》められつつあるんだな。

正《ただ》しい用例《ようれい》

このアナウンサーの声《こえ》って、とても**耳《みみ》あたりがいい**わね。聞《き》いてると気持《きも》ちが落《お》ち着《つ》くわ。

使《つか》い方《かた》の思《おも》いちがい

グチを飛《と》ばす↓グチをこぼす

正答《せいとう》と解説《かいせつ》

グチって、いきおいよく飛《と》ばすものじゃないわよね。シューインみたいに、下《した》をむいてボソボソとつぶやく感《かん》じでしょ？　だから「飛《と》ばす」んじゃなくて、「こぼす」ものなのよ。「グチをこぼす」が正解《せいかい》よ。飛《と》ばすを使《つか》った言葉《ことば》に、「ゲキを飛《と》ばす」があるわね。この言葉《ことば》も「大声《おおごえ》で応援《おうえん》したり、はげましたりする」という意味《いみ》で使《つか》う人《ひと》が多《おお》いけれど、本来《ほんらい》は、「自分《じぶん》の主張《しゅちょう》などを広《ひろ》く知《し》らせて同意《どうい》を求《もと》める」という意味《いみ》なのよ。

正《ただ》しい用例《ようれい》

おいおい、そんなに**グチをこぼす**なよ。こっちまで気分《きぶん》が重《おも》くなるじゃないか。

目《め》ざめが悪《わる》い→寝《ね》ざめが悪《わる》い

正答《せいとう》と解説《かいせつ》

本当《ほんとう》にややこしい会話《かいわ》ですね。少《すこ》し整理《せいり》しましょう。ついだれかを傷《きず》つけるようなことを言《い》ってしまい、それがいつまでも気《き》になってしかたない。こんな場合《ばあい》は、どちらを使《つか》うでしょう。答《こた》えは「寝《ね》ざめが悪《わる》い」です。この言葉《ことば》の意味《いみ》は、「過去《かこ》に気《き》がとがめることをしてしまい、気分《きぶん》がすっきりしないこと」です。

「目《め》ざめが悪《わる》い」というのは、ただのおねぼうさんです。

正《ただ》しい用例《ようれい》

きのう友《とも》だちに、あんなひどいことを言《い》うんじゃなかった。どうも**寝《ね》ざめが悪《わる》い**なぁ。

使《つか》い方《かた》の思《おも》いちがい

安《やす》くつく↓安《やす》く上《あ》がる

シューイン
傘《かさ》持《も》ってきたわよ
そのレインコート新《あたら》しいのですか?
あら、よくわかったわね
バーゲンセールで買《か》ったのよ
安《やす》くついたわよ♪
値札《ねふだ》もついてるけどね!

シューイン

正答《せいとう》と解説《かいせつ》

「安《やす》くつく」って、ときどき耳《みみ》にしますよね。でもこれはまちがった言《い》い方《かた》。「高《たか》くつく」とは言《い》うんですけど、「安《やす》くつく」とは言《い》わないんです。安《やす》い場合《ばあい》は、「安《やす》く上《あ》がる」、または「安《やす》くすむ」という言《い》い方《かた》をするんですよ。

つい、使《つか》ってしまいそうな言《い》い方《かた》ですが、辞書《じしょ》で調《しら》べてみてください。どの辞書《じしょ》にものっていないから……。

正《ただ》しい用例《ようれい》

たまたま行《い》ったお店《みせ》が二十周年《しゅうねん》のバーゲンセールだったの。おかげで、かなり**安《やす》く上《あ》がった**わ。

笑顔《えがお》がこぼれる↓笑《え》みがこぼれる

正答《せいとう》と解説《かいせつ》

ジョンったら、そそっかしいんだから。……でも「笑顔《えがお》がこぼれる」のは、ジグソーパズルだけ。「笑顔《えがお》」って「笑《わら》った顔《かお》」でしょ？　顔《かお》がこぼれたらこわいじゃない。こぼれるのは「笑《え》み」なのよ。「笑《え》み」っていうのは、にっこりすること、笑《わら》うこと。「笑《え》みを浮《う》かべる」という言《い》い方《かた》もあるわね。

「微笑《ほほえ》み」は、「声《こえ》をたてずに、わずかに笑《わら》うこと」よ。

正《ただ》しい用例《ようれい》

先生《せんせい》が「百点《てん》の人《ひと》を発表《はっぴょう》します」と言《い》った。自分《じぶん》が百点《てん》なのを知《し》っているぼくは、つい**笑《え》みがこぼれて**しまった。

まちがいやすい、カタカナ表記《ひょうき》

◆会社名《かいしゃめい》以外《いがい》の言葉《ことば》は、一般《いっぱん》に広《ひろ》く使《つか》われている現代表記《げんだいひょうき》です。

アボガド ↓ **アボカド**

カムチャッカ ↓ **カムチャツカ**

コミニュケーション ↓ **コミュニケーション**

キャノン ↓ **キヤノン**（会社名）

キューピー ↓ **キユーピー**（会社名）

ギブス ↓ **ギプス**

シュミレーション ↓ **シミュレーション**

テトラポット ↓ **テトラポッド**

ディスクトップ ↓ **デスクトップ**

データー ↓ **データ**

ドッチボール ↓ **ドッヂボール**

ナフキン ↓ **ナプキン**

バトミントン ↓ **バドミントン**

ブリジストン ↓ **ブリヂストン**（会社名）

ホットドック ↓ **ホットドッグ**

どこか へんだぞ、この日《に》本《ほん》語《ご》

温泉《おんせん》はいいなあ。気持《きも》ちよさをひしひしと感《かん》じるよ。

解説《かいせつ》

「どこがおかしいの？」っていう感《かん》じじゃない？　でもよく考《かんが》えてみると、「温泉《おんせん》〜ひしひしと」っていうところがおかしいの。「ひしひし」は、「強《つよ》く自分《じぶん》の身《み》にせまってくる」、「切実《せつじつ》に感《かん》じる」ことなのよ。「責任《せきにん》の重《おも》さをひしひしと感《かん》じる」とか「学級委員《がっきゅういいん》としての自覚《じかく》をひしひしと感《かん》じる」「夜《よる》のやみのこわさをひしひしと感《かん》じる」などのようにね。

だから、温泉《おんせん》でのんびりとお湯《ゆ》につかっているようなときには、ふつう使《つか》わないわね。「気持《きも》ちよさをじんわりと感《かん》じるよ」ぐらいの言《い》い方《かた》でいいんじゃないかしら。

「ひしひし」に意味《いみ》が似《に》ている言葉《ことば》は、「痛《いた》いほど」「十分《じゅうぶん》に」「心《こころ》から」などね。

年《ねん》賀《が》状《じょう》を十枚《まい》ください。

解説《かいせつ》

郵便局《ゆうびんきょく》でこう言《い》っても、「はい、どうぞ」って売《う》ってくれそうですよね。

でも、郵便局《ゆうびんきょく》で年賀状《ねんがじょう》は売《う》っていないんです。売《う》っているのは、「年賀《ねんが》はがき」。「年《ねん》賀状《がじょう》」っていうのは、年賀《ねんが》はがきに書《か》いた年《とし》の初《はじ》めのおたよりのことなんです。だからここでは、「年賀《ねんが》はがきを十枚《まい》ください」と言《い》わなくちゃいけなかったんですよ。

ちなみに、アメリカやヨーロッパなどでは、クリスマス・カードなどで「新年《しんねん》のあいさつ」をすませてしまうので、年賀状《ねんがじょう》という文化《ぶんか》はないそうですよ。

現在《げんざい》では、メールですませてしまう人《ひと》もふえているようですが、なんだかちょっと味気《あじけ》ない気《き》もしますね。

こうゆうのって、どこで買《か》ってくるの？

解説《かいせつ》

これって、どうゆうまちがいかわかります？ ……って、わざとまちがえてみました。「でも、『こうゆうこと』って言《い》うよ」と反論《はんろん》されそうですね。これは、「そうゆう、こうゆうと発音《はつおん》するのはまちがいではないが、書《か》くとまちがいになる」ということです。

つまり、話《はな》し言葉《ことば》では「こうゆう」でいいけれど、書《か》き言葉《ことば》では「こういう」と書《か》くんです。ここでは、「こういうのって、どこで買《か》ってくるの？」と書《か》かなくてはいけなかったんですね。

小学生《しょうがくせい》だけでなく、若《わか》い人《ひと》にもこう書《か》く人《ひと》がけっこういるみたいですね。

ぼくは、きまりの大切《たいせつ》さをみんな、わかっていないと思《おも》う。

解説《かいせつ》

これは、「ぼくがわかっていない」のか、「みんながわかっていない」のか、二通《ふたとお》りの読《よ》み方《かた》ができる文章《ぶんしょう》だから、本当《ほんとう》の意味《いみ》が通《つう》じにくいんだよ。

さらに言《い》えば「みんな」は「全部《ぜんぶ》」という意味《いみ》にもなるから、「ぼくは、きまりの大切《たいせつ》さをなにひとつわかっていない」っていう意味《いみ》にも受《う》け取《と》れちゃうよな。

ようするに、誤解《ごかい》されやすい文章《ぶんしょう》なんだよな。「ぼくは、きまりの大切《たいせつ》さをみんながわかっていないと思《おも》う」あるいは、「ぼくはきまりの大切《たいせつ》さを、何《なに》ひとつわかっていないと思《おも》う」という言《い》い方《かた》にすれば、誤解《ごかい》は防《ふせ》げると思《おも》うぜ。

くつを左右反対《さゆうはんたい》にはいてしまった。ひどいまちがいだ。

解説《かいせつ》

「まちがい（まちがう）」は「正《ただ》しい状態《じょうたい》とはちがうこと」。「まちがえる」は、「AとBとを逆《ぎゃく》にしてしまうこと」なんだ。まず「まちがい」だけど、これは「四時《じ》に待《ま》ちあわせたと思《おも》ったら、まちがいだった」というように、二時《じ》に待《ま》ちあわせていたところを四時《じ》と思《おも》いこんでしまったミスなどを言《い》う。一方《いっぽう》の「まちがえる」は、ある二《ふた》つのものを「逆《ぎゃく》にしてしまう」ことなのさ。例文《れいぶん》の「くつの左右《さゆう》をまちがえてはいてしまった」などがこれだ。例文《れいぶん》は、正《ただ》しく言《い》うと、「まちがえて、くつを左右反対《さゆうはんたい》にはいてしまった」となるんだよ。もちろん、「逆《ぎゃく》にしてしまう」という意味《いみ》だけじゃなく、「お父《とう》さんと先生《せんせい》をまちがえた」など、取《と》りちがえるという意味《いみ》で使《つか》うこともできるぞ。

漫才《まんざい》の相棒《あいぼう》がカゼを引《ひ》いて、きょうはお休《やす》みだって。かわりに落語《らくご》をやるらしいよ。

解説《かいせつ》

たまには「語源《ごげん》」の説明《せつめい》もしましょうか。「相棒《あいぼう》」っていうのは、江戸時代《えどじだい》の乗《の》り物《もの》、「かご」から来《き》ています。そのかごに通《とお》した棒《ぼう》を、二人《ふたり》の人《ひと》が前《まえ》と後《うし》ろでかつぎますが、これが「相棒《あいぼう》」の語源《ごげん》なんです。これって、一人《ひとり》ではかつげませんよね。そのように、二人《ふたり》そろって力《ちから》を発揮《はっき》する関係《かんけい》の者同士《ものどうし》が「相棒《あいぼう》」です。一方《いっぽう》の「相方《あいかた》」は、それぞれが一人《ひとり》でも仕事《しごと》はできるのですが、二人《ふたり》で行《おこな》うことで、さらにいい仕事《しごと》ができる相手《あいて》のことをいうんです。とくに例文《れいぶん》のように漫才《まんざい》の場合《ばあい》、二人《ふたり》はたがいに相方《あいかた》といいます。

ですから、「漫才《まんざい》の相方《あいかた》がカゼを引《ひ》いて、きょうはお休《やす》みだって。かわりに落語《らくご》をやるらしいよ」と書《か》けばいいんですよ。

相手《あいて》が弱《よわ》くて、勝《か》って当然《とうぜん》。だから、よろこびもひとしおだな。

解説《かいせつ》

この前《まえ》、サッカーのリーグ戦《せん》で優勝《ゆうしょう》したとき、監督《かんとく》がこう言《い》ってたっけ。「苦《くる》しい戦《たたか》いがつづいたから、優《ゆう》勝《しょう》のよろこびもひとしおだ」って。そう、「ひとしお」っていうのは、ふつうよりも、もっと強《つよ》い気持《きも》ちのときに使《つか》う言葉《ことば》なんだ。「ひときわ」「いっそう」「かくべつ」に近《ちか》い意味《いみ》なんだぜ。だから例文《れいぶん》は、「相手《あいて》が弱《よわ》くて、勝《か》って当然《とうぜん》。だから、よろこびはまああってとこかな」ぐらいの書《か》き方《かた》がいいと思《おも》う。

もしも強敵《きょうてき》だったら、こうなるんじゃないかな。

「相手《あいて》が強《つよ》くて、やっと勝《か》てた。だから、よろこびもひとしおだ」

みごと、かいしんの一打《いちだ》がツーベースヒット。そして味方《みかた》がホームイン。打《う》ったバッターはくやしそうな顔《かお》をしています。

解説《かいせつ》

おかしな例文《れいぶん》ですね〜。「かいしん」は漢字《かんじ》で書《か》くと「会《かい》心《しん》」となります。「心《こころ》に会《あ》う」とは、どういう意味《いみ》でしょうか。これは、「自分《じぶん》で納得《なっとく》がいく」ということです。つまり、「会心《かいしん》の一打《いちだ》」とは、自分《じぶん》で「いい当《あ》たりだった」と満《まん》足《ぞく》する一打《いちだ》だということ。なのに、「くやしそう」では、おかしいですよね。このバッターは、ホームランをねらっていたのかもしれませんね。「みごとなツーベースヒット」と書《か》けばいいんですよ。

「みごとな一打《いちだ》がツーベースヒット。そして味方《みかた》がホームイン。バッターはくやしそうですね。おそらく、ホームランをねらっていたんでしょう」

こう書《か》けば、正《ただ》しい文章《ぶんしょう》ですね。

きょうの体育《たいいく》は苦手《にがて》のリレーか。いやが上《うえ》にも走《はし》らなくちゃならないな。

解説《かいせつ》

この言葉《ことば》の「いや」は、「いやだ〜！」とか「オー、ノー！」のように、いやがる意味《いみ》じゃない。「弥《いや》が上《うえ》にも」と書《か》いて、「ますます。なおいっそう」という意味《いみ》なんだな。苦手《にがて》のリレーを走《はし》るのに、「ますます走《はし》らなくちゃ」は、おかしいだろう。「きょうの体育《たいいく》は苦手《にがて》のリレーか。いやでも走《はし》らなくちゃならないな」などと言《い》うべきだろうね。

または、「否《いや》が応《おう》でも」、つまり、「いやでも何《なん》でも」という意味《いみ》の言葉《ことば》を使《つか》って、「きょうの体育《たいいく》は苦手《にがて》のリレーか。いやがおうでも走《はし》らなくちゃならないな」と言《い》ってもいいんだぞ。

Aくんのところへあそびに行《い》ってくるね。用事《ようじ》がすんだらちょっとゆっくりして、それからとんぼがえりで帰《かえ》ってくるよ。

解説《かいせつ》

とんぼって、飛《と》びながらくるっと急《きゅう》にむきを変《か》えてもどってくることができるわよね。そこから、「出《で》かけてから用事《ようじ》をすませ、すぐにもどってくること」を意味《いみ》した言葉《ことば》なのよ。だから例文《れいぶん》のように、「ちょっとゆっくりしてから」というときに使《つか》うのはまちがい。用事《ようじ》がすんだらすぐに帰《かえ》ってくる場合《ばあい》にしか使《つか》わない言葉《ことば》なの。ただし、「とんぼ帰《がえ》り」とは書《か》かないで、「とんぼ返《がえ》り」と書《か》くのよ。「用事《ようじ》がすんだら、とんぼ返《がえ》りで帰《かえ》ってくるよ」でいいの。

ちなみに、歌舞伎《かぶき》の立《た》ちまわりで、端役《はやく》が主役《しゅやく》にやっつけられたときの表現《ひょうげん》として、一回転《いっかいてん》して背中《せなか》から落《お》ちる見《み》せ方《かた》があるんだけど、これを「とんぼを切《き》る」というのよ。

あの歌手《かしゅ》の衣装《いしょう》はとてもきれいで、キラ星《ぼし》のごとくかがやいている。

解説《かいせつ》

「キラ星《ぼし》」を漢字《かんじ》で書《か》くと、「綺羅星《きらぼし》」。とてもむずかしい漢字《かんじ》ですね。「綺《き》」はたくさんのもようがついている絹《きぬ》の布《きれ》のことです。また、「羅《ら》」はうすい服《ふく》のこと。「キラ星《ぼし》（綺《き》羅星《らぼし》）のごとく」とは、「きらぼしのごとく」ではなくて、「きら、ほしのごとく」と読《よ》んで、キラ（綺羅《きら》）がまるで星《ほし》のように、たくさんあるという意味《いみ》なんです。

つまり、きれいに着《き》かざった人々《ひとびと》がたくさん集《あつ》まっている、ということですね。そこから、「すぐれた人物《じんぶつ》が何人《なんにん》も集《あつ》まっている」という意味《いみ》に使《つか》われる言葉《ことば》なんです。だから、「あの歌手《かしゅ》……」のように、一人《ひとり》の人《ひと》を指《さ》すときに使《つか》う言葉《ことば》ではありません。「すばらしい歌手《かしゅ》たちが、ずらりとキラ星《ぼし》のごとくならんでいる」と言《い》えばいいと思《おも》います。

よくもやってくれたな。そのうち、思《おも》いもしないやり方《かた》でしっぺ返《がえ》しをくらわせてやる。

解説《かいせつ》

「しっぺ」は「しっぺい」から来《き》ています。「しっぺい」というのは、竹《たけ》でできたヘラのようなもので、座禅《ざぜん》をしている人《ひと》の肩《かた》を、お坊《ぼう》さんが後《うし》ろから「ビシッ！」ってたたく、あの道具《どうぐ》です。その「しっぺい」で打《う》たれたのを打《う》ちかえすということで、とっさにしかえしをすることです。そこから、いやなことをされたときなど、同《おな》じ方法《ほうほう》で同《おな》じていどの仕返《しかえ》しをすることを「しっぺ返《がえ》し」と言《い》うんです。

ですから例文《れいぶん》の、「思《おも》いもしないやり方《かた》」っていうのがまちがいなんですね。すっきりと、「よくもやってくれたな。そのうち、しっぺ返《がえ》しをくらわせてやる」でいいんです。

あのピッチャーのボールはすごく速《はや》くて、しろうとはだしだ。メジャーリーグでも通用《つうよう》するんじゃないかな。

解説《かいせつ》

「しろうと」っていうのは「アマチュア」のこと。反対《はんたい》にプロのことは、「くろうと」っていうんだ。

この文例《ぶんれい》の場合《ばあい》、正《ただ》しくは、「くろうとはだし」って言《い》わなくちゃダメだぞ。「プロでもはだしで逃《に》げだすほどの、すごいボールを投《な》げる」っていう意味《いみ》だからな。文例《ぶんれい》のままだと、「しろうともはだしで逃《に》げる」っていう、わけのわかんない意味《いみ》になっちゃうからね。

「くろうとはだし」を「プロ顔負《かおま》け」にすると、わかりやすいかな？　サッカーの得意《とくい》なオレが言《い》うなら、「オレのシュートはくろうとはだしだ」ってとこだな。

やれやれ、やっと宿題《しゅくだい》に目星《めぼし》がついたから、少《すこ》しテレビでもみるか。

解説《かいせつ》

「目星《めぼし》がつく」っていうのは、およその見当《けんとう》がついた、あるいは、目当《めあ》ての人物《じんぶつ》が決《き》まるということよ。たとえば、黒板《こくばん》に落書《らくが》きした犯人《はんにん》の目星《めぼし》がついた、とか。今夜《こんや》のおかずの目星《めぼし》がついたとかね。刑事《けいじ》ドラマでもよく、「これで犯人《はんにん》の目星《めぼし》がついた。やっと、この事件《じけん》も解決《かいけつ》だ」なんて言《い》ってるわよね。だから、「宿題《しゅくだい》が終《お》わりそうだ」のように、ものごとの見《み》通《とお》しがたつことじゃないのよ。文例《ぶんれい》を直《なお》すとしたら、「宿題《しゅくだい》の目鼻《めはな》がついた」って言《い》うと、正《ただ》しい使《つか》い方《かた》になるわよ。

ちなみにこの「目鼻《めはな》がつく」という言葉《ことば》は、もともとは人形《にんぎょう》づくりの作業《さぎょう》で、人形《にんぎょう》の顔《かお》に目鼻《めはな》を入《い》れてしまえば、もう完成《かんせい》も近《ちか》いということからきた言葉《ことば》よ。

先生《せんせい》、ここのところを手伝《てつだ》ってください。お願《ねが》いします。わらにもすがる思《おも》いなんです。

解説《かいせつ》

これ、先生《せんせい》に対《たい》して言《い》った言葉《ことば》なんですか？　だとしたら、ちょっと失礼《しつれい》ですね。たとえば、おぼれている人《ひと》の目《め》の前《まえ》に「わら」が浮《う》いていたとして、それにすがってもほとんど役《やく》に立《た》ちません。そんな役《やく》に立《た》ちそうもない「わら」にもすがりたい、「わらにもすがる思《おも》い」とは、そんなせっぱつまったときの気持《きも》ちをあらわす言葉《ことば》です。

ここでいう「わら」は、とってもたよりないものという意味《いみ》ですから、ちょっと相手《あいて》に対《たい》して失礼《しつれい》ですよね。まして先生《せんせい》では……。

ちなみに、「おぼれる者《もの》は、わらをもつかむ」ともいいますね。

いやなことをする子《こ》だなぁ。まったく、クラスの風下《かざしも》にも置《お》けないヤツだ。

解説《かいせつ》

いやあねえ。これは風上《かざかみ》にも置《お》けない」って言《い》うのよ。「いやな人《ひと》」や「気《き》にくわない人《ひと》」のことを指《さ》して言《い》う言葉《ことば》だけど、「風上《かざかみ》」って言《い》うのは、風《かぜ》が吹《ふ》いてくる方向《ほうこう》のことよ。そんなところに、いやな人《ひと》を置《お》いたら、その人《ひと》のいやなオーラみたいなものが、みんな風下《かざしも》の人《ひと》にふりかかっちゃうじゃない。

「くさいものを風上《かざかみ》に置《お》いたら、風下《かざしも》はくさくてたまらない」ということから、いやな人《ひと》をあらわす言葉《ことば》になったの。

ここでの「にも」の「も」は、「顔《かお》を見《み》る気《き》にもならない」のように意味《いみ》を強《つよ》めるはたらきをしているの。

えっ、お母《かあ》さんが二十二歳《さい》だって？ サバを言《い》うのもいいかげんにしてよ。三十四歳《さい》のくせに。

解説《かいせつ》

こういう人《ひと》って、いますよね。体重《たいじゅう》を少《すく》なく言《い》ったりとか（ぼくもですけど）。ここで言《い》う「サバ」というのは、あの魚《さかな》のサバのこと。サバはとても傷《いた》みやすい魚《さかな》で、数《かず》も多《おお》かったので、冷凍設備《れいとうせつび》のないむかしは、サバを傷《いた》まないように急《いそ》いで数《かぞ》えると、どうしても大《おお》ざっぱな数《かず》になりました。そこで数《かず》をごまかすことを「サバを読《よ》む」というようになったようです。だから「サバを言《い》う」という言《い》い方《かた》はしないんです。

ときどき、「おい、サバを言《い》うなよ」と言《い》いまちがえている人《ひと》がいるので、注意《ちゅうい》しましょう。「サバを読《よ》むなよ」が正《ただ》しいんです。

なんだ、またシュート失敗《しっぱい》か。サッカーの下手《へた》なところは、兄《あに》ゆずりだなぁ。あいつのお兄《にい》ちゃんもミスばっかりしてたからな。

解説《かいせつ》

弟《おとうと》がいくらお兄《にい》ちゃんに似《に》てるっていっても、「兄《あに》ゆずり」とはいわないんだぜ。弟《おとうと》もお兄《にい》ちゃんも、親《おや》から生《う》まれたんだから、見《み》た目《め》とか性質《せいしつ》なんかは、親《おや》からゆずりうけたものなんだ。「兄《あに》ゆずり」じゃ、この弟《おとうと》は、お兄《にい》ちゃんから生《う》まれたことになっちゃうぞ。

この言葉《ことば》は、「血《ち》をゆずり受《う》けた」ということだから、親《おや》からだけじゃなく、「絵《え》のうまいのは、おばあちゃん（おじいちゃん）ゆずりだ」なんて言《い》ってもおかしくはないんだ。ただし、小《ちい》さいころからお兄《にい》ちゃんやお姉《ねえ》ちゃんに面倒《めんどう》をみてもらって身《み》につけた場合《ばあい》などには、「兄《あに》ゆずり」とか「姉《あね》ゆずり」といった言《い》い方《かた》をしてもいいんだ。

さくいん

さくいん

主な参考文献

・『現代人のためのことばの知識百科』　主婦と生活社
・『何でもわかることばの百科事典』　三省堂
・『ひと目でわかる微妙な日本語使い分け事典』　PHP文庫
・『ことばのおもしろ博学』永岡書店
・『だれもが「勘違い！」なあやしい日本語』青春出版社
・『だから、その日本語では通じない』青春出版社
・『日本人が忘れてはいけない美しい日本の言葉』青春出版社
・『へんな言葉の通になる　豊かな日本語、オノマトペの世界』祥伝社新書
・『知ってるようで　知らない日本語1』ごま書房
・『知ってるようで　知らない日本語2』ごま書房
・『知ってるようで　知らない日本語3』ごま書房
・『日本人の知らない日本語』メディアファクトリー
・『日本人の知らない日本語2』メディアファクトリー
・『NHK気になることば　「サバを読む」の「サバ」の正体』　新潮文庫

ブックデザイン　髙木菜穂子（ライムライト）
カバーイラスト　榊原唯幸
本文イラスト　ひろ ゆうこ

国語《こくご》おもしろ発見《はっけん》クラブ
思《おも》いちがいの言葉《ことば》

発行　2017年10月1刷　2023年10月4刷

著　者　山口　理
発行者　今村正樹
発行所　株式会社 偕成社《かいせいしゃ》
〒162-8450 東京都新宿区市谷砂土原町3-5
電話（03）3260-3221（販売部）
（03）3260-3229（編集部）
https://www.kaiseisha.co.jp/

印刷
製本　大日本印刷（株）

ISBN978-4-03-629890-7　NDC810　143p　22cm